假如給我三天光明

海倫凱勒的人生故事

HELEN KELLER

海倫·凱勒 著

葉懿慧、郭庭瑄 譯

愛米粒
出版有限公司
Emily Publishing Company Ltd.

目錄

我的人生故事

1 — 光明和聲音 007
2 — 童年記憶 017
3 — 愛的搖籃 029
4 — 希望 035
5 — 張開心靈的眼睛 041
6 — 喜悅和驚奇 047
7 — 學習閱讀 053
8 — 耶誕節 063
9 — 波士頓之行 067
10 — 擁抱海洋 073
11 — 打獵 077
12 — 雪的世界 085

13——學習說話 089
14——快樂拋棄了我？ 097
15——世界博覽會 109
16——求學 117
17——信心與希望 121
18——入學 127
19——衝破逆境 137
20——進入渴望的大學 145
21——甜蜜的烏托邦 157
22——享受生活 175
23——朋友創造我的一生 191
假如給我三天光明 203

我的人生故事

The Story
of
My Life

First published in 1903

I

光明和聲音

當我睜開眼睛，發現到自己竟然什麼也看不見，眼前一片黑暗時，我彷彿被噩夢嚇到一樣，我的世界充滿了黑暗和冷清……

對於著手撰寫自己的人生故事，我其實有點不安。童年生活彷彿蒙著一層暈黃薄霧，我近似迷信地猶疑著是否要揭開它的面紗。更何況，寫自傳又是個苦差事。當我試著分辨孩童時期的記憶時，卻發現經年累月下來，眞實與想像幾乎虛實難辨了。因爲我在童年經歷上添加了自己的想像。有些兒時記憶特別清晰；但「其他陰鬱的部分就很模糊了」。許多兒時的悲歡情緒已不復強烈；早年受教育的許多重大事件，也在其他更激動人心的偉大發現中被淡忘了。因此，爲了不讓各位讀來覺得冗長乏味，我將以個人覺得最爲有趣重要的一連串經歷來加以描述呈現。

一八八〇年六月二十七日，我出生於美國的南部，也就是阿拉巴馬州北部的圖斯坎比亞鎮。父親的家族是曾祖父卡斯培・凱勒（Casper Keller）的後代，本來世居瑞士，在殖民主義大爲盛行時，定居在美國的馬里蘭州。不可思議的是，我們有位祖先竟然是蘇黎世聾啞學校的首位教師，並寫過一本相關書籍——這眞是驚人的巧合，誰料得到，他竟然會有我這樣又盲又聾又啞的子孫。儘管他的祖先當中沒有王者，也不曾養過奴隸，而且在早期先民中，也沒有奴隸曾隸屬於一位王者。每當我想到這裡，心裡就不禁大大感慨，命運實在是不可測。

我的祖父，卡斯培・凱勒之子，自從在阿拉巴馬州的圖斯坎比亞鎮購買了土地後，我們這一家族就在此定居下來。據說，那時候由於遠離購物區，祖父每年都要特地從圖斯坎比亞鎮騎馬遠赴七百六十英里外的費城，好添購家裡和農場上所需的用品、農具、肥料和種子等。由於是開拓時期，每次祖父在往赴費城的途中，總是會寫家書回來報平安，信中對於西部沿途的景觀，以及旅途中所遭遇的人、事、物，都有清楚且生動的描述。直到今天，大家仍很喜歡一再地看祖父留下的書信，好像在看一本歷險小說，百看不厭。

我的祖母凱勒，其父親亞歷山大・穆爾曾是拉法葉將軍的部下。她的祖父亞歷山大・斯鮑茨伍德則是早期維吉尼亞殖民地的總督，而且她還是羅伯特・E・李將軍的二表妹。

我的父親亞瑟・凱勒曾是南北戰爭時南軍的上尉，我的母親凱蒂・亞當斯是他的第二任妻子，母親年紀小上父親好幾歲。母親的祖父班傑明·亞當斯，娶了蘇珊娜·E·古德休爲妻，長年定居在麻薩諸塞州的紐伯里。他們的兒子查理·亞當斯同樣出生於該地，但後來搬到了阿肯色州的海倫娜。南北戰爭爆發時，他加入南軍參戰，一路升到准將。他娶了露西·海倫·埃弗雷特爲妻，露西和艾德華·埃弗雷特以及艾德華·埃弗雷特·海爾博士皆出自同一家系。戰爭結束後，這對夫婦就搬到了田納西州的曼菲斯。

在我病發，但尚未失去視覺、聽覺以前，我一直住在有一個大房間和一個傭人房的大屋子裡。那時候，依照南方人的習慣，他們會在自己的家園旁加蓋一間小屋子，以備不時之需。所以父親也在南北戰爭後，依照南方的形式蓋房子，結婚以後，便和母親住在那裡。這個被葡萄藤攀緣、並由玫瑰和忍冬所圍繞的家，是我生命裡最美的回憶。從花園望去，它就像一座涼亭，而小巧的正門，也被隱藏在嫩黃的玫瑰和牛尾菜花的樹蔭下，蜜蜂和小蜂鳥則群集在四周飛舞。

祖父和祖母所住的凱勒家園，與我們那在玫瑰花間的家相距不過數步。由於我們家被茂密的樹木、綠藤所包圍，所以鄰近的人都將我們的家稱爲「綠色家園」。這座老式的花園是我幼年時的樂園。

在我的家庭老師——蘇利文小姐尚未來到之前，我經常自個兒一人，扶著修剪成正四方形的黃楊木樹籬，慢慢地走到庭園裡，然後憑著自己敏感的嗅覺，努力地尋找最早綻放的紫羅蘭和百合花，而後，深深地吸一大口清新的芳香。我也會在心情不好時，獨自去那裡尋求撫慰。我總是把因爲發火而漲紅的臉孔，輕輕地低俯在涼快的樹葉和青草裡，讓不安毛躁的心情冷靜下來。我把自己完全地沉浸在綠色的樂園裡，雖然我只能用手扶著樹籬，但我四處走動、流連之餘，也可以用手去觸摸新鮮的嫩草，摸摸葡萄樹結果了沒有，尋找幾個新鮮的玫瑰花苞。我也可以摸著葉子和花的形狀，一一判別植物的種類，這種舒暢和快活，簡直難以形容。花園裡還種有到處攀爬蔓延的鐵線蓮、低垂的茉莉花，以及一些花瓣形似脆弱蝴蝶翅膀、名叫野薑花的稀有花卉。而玫瑰更是豔冠群芳。我從未在北方的溫室裡見過這般繁茂生長、令人心滿意足的玫瑰。它們沿著門廊形成長長的花飾帶，空氣中瀰漫著不染塵埃的清香。到了清晨時分，沐浴在朝露中的玫瑰嬌柔又純淨，我不禁好奇遐想，它們是不是很像上帝花園中的金穗花？

就像其他弱小生命一樣，我生命的開始是單純的。我來了，我觀察，我征服，跟每個家庭第一個孩子的情形沒兩樣。爲了給第一個孩子命名，大家都絞盡腦汁，你爭我吵。家中第一個寶寶的名字當然不能輕忽，每個人都很慎重其事。父親希望以他最尊敬的祖先名字「米德爾．坎培兒」當我的名字，母親卻想用她母親少女時代的名字「海倫．埃弗雷特」來命名。大家再三討論的結果，就依照母親的希望，決定用外婆的名字。先是爲了命名爭吵不休，之後爲了帶我去教堂受洗，大家又手忙腳亂，以至於興奮的父親在前往教堂途中，竟把這個名字給忘了，這倒也不足爲奇，因爲父親本來就不喜歡那個名字。所以，當牧師問起：「這個嬰兒叫什麼名字？」他才想起來，本來就定好要隨我外祖母的夫姓為我命名，於是就說出了「海倫．亞當斯」這個名字。

家裡的人告訴我說，我在嬰兒時期就表現出不服輸的個性，對任何事物都很好奇，而且個性非常倔強，還常常模仿大人們的一舉一動。所以，在我六個月大時，已經能夠發出「茶！茶！茶！」和「你好！」的聲音，而吸引了每個人的注意。甚至於「水」這個字，也是我在一歲以前學會的。直到我生病後，雖然忘掉了以前所學的字，但是對於「水」這個字卻仍然記得。即使後來講話能力喪失，我仍一直發出「水」這個字的模糊聲音。直到學會拼寫這個字之後，我才停止發出「水——水」的模糊音。

家人告訴我，我剛滿週歲時就會走路了。母親把才洗好澡的我從浴缸中抱起來放在她的膝上，突然間，我發現滑溼的浴室地板上，有樹葉的影子在閃動，於是我就從母親的膝上溜下，試圖追逐那些樹影。這股衝動最後導致我跌倒在地，哭著撲進母親的懷抱裡。

好景不常，幸福的時光總是結束得太早。時光飛逝——歷經知更鳥和百靈鳥悅耳歌聲繚繞的一個短暫春天；一個花果繁茂的夏天和金黃緋紅的秋天之後，季節在一個滿懷期待的開心孩子腳邊留下了最後的禮物。隨後，在可怕的二月裡，一場疾病封閉了我的眼睛和耳朵，讓我陷入了新生兒般的無意識狀態。醫生們診斷的結果，認爲我是急性的胃充血以及腦充血，他們宣布無法挽救了。但在一個清晨，我的高燒突然退了，全家人對於這種奇蹟的發生，驚喜得難以言喻；但是，我的家人和醫生卻不知道，這一場高燒已經讓我失掉了視力和聽力。

至今，我仍能夠零碎的回憶那場病，尤其是母親在我高燒不退、昏昏沉沉又痛苦難耐的時候，溫柔地撫慰我，讓我在恐懼中勇敢地度過。我記得高燒退後，眼睛因爲乾枯熾熱、疼痛怕光，而必須避開自己以前所喜愛的陽光，我必須向著牆壁，或讓自己在牆角蜷伏著。後來，視力一天不如一天，對日光的感覺也漸漸地模糊不清。有一天，當我睜開眼睛，發現到自己竟然什麼也看不見，眼前一片黑暗時，我彷彿被噩夢嚇到一樣，整個人驚恐、悲傷極了，那時的感覺眞是令我永生難忘。失去了視力和聽力後，我逐漸忘了以往的事，只是覺得，我的世界充滿了黑暗和冷清。一直到她——蘇利文小姐，我的家庭老師到來，才釋放了我的靈魂。雖然，我只擁有過十九個月的光明和聲音，我卻仍可以清晰地記得——寬廣的綠色家園、蔚藍的天空、青翠的草木、奪豔爭奇的花，所有這些都是隨後而至的黑暗無法抹煞的，點點滴滴都銘刻在我的心版上，常駐我心中。

2

童年記憶

母親讓我感覺到有人需要我，她協助我一步步走向正常、樂觀的生活，終於，我從長夜的驚慌中，變得自信、開朗。

生病後幾個月的事，我幾乎都記不起來了，我隱約記得我會坐在母親的膝上，或是緊拉著母親的裙襬，跟著母親忙裡忙外到處走動，纏著她不放。漸漸地，我可以用手去摸索各種東西，分辨它們的用途。或是觸摸別人的動作、表情，來明白發生什麼事。我也想表達自己想說的、想做的，我渴望與他人交談，於是我試著以生硬的手勢表達。比如：搖頭表示「不」，點頭表示「是」；拉著別人往我這裡，表示「來」；推表示「去」。當我想吃麵包時，我就以切麵包、塗奶油的動作表示；若是想要母親在晚餐時給我冰淇淋吃，我就會做出攪拌和發抖的樣子表達冰涼之意。我的母親也竭盡所能做出各種動作，讓我了解她的意思，所以，我總是可以正確、清楚地知道母親的需要，我會跑到樓上或她叫我去的任何地方。事實上，在長夜漫漫的黑暗日子裡，我要感謝母親用她的關愛與智慧帶給我光明和種種的美好。

我也慢慢明白了生活上的一些事。五歲時，我學會了把洗衣店送回的衣服分類好，並從那些衣物中分辨自己的衣服。當母親和伯母換了外出服，我也可以由摸衣服而知道她們要外出了，此時，我就會要求她們帶我一起出去。有訪客來時，我也會被允許參加，客人要離去時，我會向他們揮手道別，雖然當時的我可能並不清楚那些手勢代表的意義。記得有一次，家裡有幾位紳士來訪，我從家人開門、關門的不尋常聲音裡，確信了他們的到來。於是，我趁著大家不注意，一時興起跑上樓，穿上我中意的外出服，學別人那樣站在鏡子前梳妝，往頭上抹油，在臉上搽粉，把面紗用髮夾固定在頭髮上，面紗輕覆在臉上，垂下的部分則堆在肩膀上。然後，我又在自己小小的腰間綁上一個大大的裙撐，它搖搖晃晃地掛在我身後幾乎快觸及裙角。完成這身裝扮後，我就下樓去幫忙招待客人了。

我已記不清楚什麼時候開始發現到自己的與眾不同。這是在蘇利文老師來到之前的事。我曾注意到母親和我的朋友們都是用嘴巴去交談，而不像我用手比劃著。因此，我會站在兩個談話者之間，用手觸摸他們的嘴巴，可是我仍然無法明白他們的意思。於是我瘋狂地擺動四肢，蠕動嘴脣，企圖與他們交談，可是他們一點反應也沒有。我生氣極了，大發脾氣，又踢又叫，一直到筋疲力竭為止。

我經常為了一些小事就無理取鬧，雖然我心裡也知道這是不應該的，可是一有事情到來，我就急躁得控制不了。就像我常踢傷了保母艾拉，我知道她很痛，所以當我氣消時，心裡就覺得愧疚。但是當事情又不順我的心意時，我還是會瘋狂地胡亂踢打。

在那段黑暗的童年時代，我只有兩個忠實的同伴，一個是黑人廚師的女兒——瑪莎．華盛頓，另外一個就是名叫貝利的老獵犬。瑪莎．華盛頓很善於了解我的手勢，所以每次吩咐她做事情，她都很快就完成了。我很喜歡對她發號施令，而瑪莎大概認為與其跟我打架，還不如乖乖聽話來得聰明。我的身體一向結實又好動，性情衝動又不顧後果；我非常了解自己的個性，總是喜歡我行我素，甚至不惜一戰。那時期，我跟瑪莎在廚房度過不少時光，我喜歡幫瑪莎揉麵糰、磨咖啡、做霜淇淋，有時則為了做點心而爭吵，或是幫忙餵食聚集在廚房台階上的母雞和火雞。牠們大多很溫馴不怕我，敢在我手上啄食，我因此感受到牠們的生命力。有一天，一隻大火雞竟把我手中的番茄給搶走了。牠給了我們一個靈感，不久，我和瑪莎也學火雞偷食，偷了廚娘才烤好的餅，而且吃得一乾二淨。後來，我就因偷食吃壞了肚子，備受疼痛的折磨，當時，我心裡疑惑著——火雞是不是也會跟我一樣得到報應。

珠雞喜歡在隱蔽處築巢。我最高興的，莫過於去翻撥長草堆，尋找珠雞蛋。當我想去尋找珠雞蛋卻沒有辦法跟瑪莎說明白時，我只好把手放在地上做成一個圓環狀，表示草堆裡有圓形的東西，瑪莎就懂得我的意思。如果幸運地找到鳥巢，我絕對不會讓她把蛋拿回家，我會以強烈的手勢告訴她，她可能會跌倒摔破這些蛋。

回想童年，穀倉、馬廄以及乳牛場，都給了我和瑪莎無窮的快樂，我們簡直像極了樂園裡的天使。當我跟瑪莎到乳牛場時，擠牛奶的工人常常讓我把手放在牛身上，有時候，他們會讓我把手放在牛的乳部，我也因爲好奇而被牛尾打了好多次。

籌備耶誕節也是使我高興的事，雖然我不明白過節的意義，卻很喜歡滿室飄香的誘人美味。瑪莎跟我會因爲分到一點美食而安靜下來，雖然有點可悲，卻絲毫不影響我們過節的喜悅。家人會讓我們磨香料、挑葡萄乾、舔舔那些攪拌過食物的調羹。我也模仿別人掛起我的長襪，可是我並不覺得這樣有什麼樂趣，我也記不起有沒有因爲好奇而在黎明以前，悄悄爬起來看自己的禮物。

瑪莎．華盛頓和我一樣喜歡惡作劇。七月一個酷熱的午後，我和瑪莎坐在陽台的石階上，像黑炭一樣的瑪莎把她絨毛般的頭髮用鞋帶紮起來，一束束的頭髮看起來就像很多螺絲錐長在頭上。而我皮膚白皙，一頭長長的金黃色鬈髮。一個孩子六歲，另一個大約二、三歲。比較小的那個是瞎子，也就是我自己。我們兩個人坐在石階上忙著剪紙娃娃。玩了不久我們便厭倦了這種遊戲，於是我們把鞋帶剪碎，又把石階邊的忍冬葉子剪掉。突然，我的注意力轉向瑪莎那一頭螺絲錐。一開始，瑪莎掙扎著，不肯讓我剪，可是我蠻橫極了，抓著瑪莎的螺絲錐不放，拿著剪刀就剪下去，剪完瑪莎的頭髮，我也回報瑪莎，讓她剪我的頭髮，她動作迅速地剪掉我一綹頭髮，若不是母親發現，及時趕來制止，瑪莎很可能把我的頭髮統統剪光。

我的另一個玩伴是貝利，也就是那隻老獵狗，牠很懶惰，總是喜歡躺在暖爐邊睡覺，一點也不愛陪我玩。牠也不夠精明，我盡力教牠手語，但是牠除了懶惰、不精明，又遲鈍極了，根本不懂我在幹什麼。有時候牠會激動到打顫，然後又完全定住不動，就像狗兒盯上鳥兒那樣。當時我並不明白貝利爲何會有這樣的舉動，只覺得牠根本不聽我指示，感覺很懊惱，而對貝利的訓練常常都以一面倒的拳擊比賽告終。貝利總是無精打采地爬起來，伸伸懶腰，嗅一嗅暖爐，然後又在另一端躺下，一點也不理會我的教導。我覺得自討沒趣，便又去廚房找瑪莎玩。

童年的記憶都是片段零碎的，一想起那段沒有光、也沒有聲音的黑暗世界，這些影像就會更清晰地在我心頭浮現。

有一天，我在玩水時弄溼了裙子，於是便拉著裙子靠近客廳的火爐，想把它烘乾，急性子的我覺得不夠快，便靠過去把裙子放在暖爐上面。突然間，我發現衣服著火了，我嚇得大叫，老保母維妮趕快用毛毯包住我，害我差點窒息，但總算把火弄熄了。幸好只是燒到手和頭髮，沒有嚴重的燒傷。

在這時期，我發現了鑰匙的用途，也對它的使用方法很感興趣。有一天早上，我玩心大起，把母親鎖在貯物室裡面，害得她在裡面呆坐了將近三個鐘頭。母親不斷地敲門，我卻坐在門外的石階上，開心地大笑。經過這一次惡作劇，父親和母親都認爲應該讓我接受教育。於是我的家庭教師──蘇利文小姐來了。但是本性難改的我，還找了個機會把蘇利文老師鎖在她的房間裡。當時，母親要我拿東西給蘇利文老師，我上樓把東西交給老師後，馬上把門一關，上了鎖，然後把鑰匙藏在客廳角落的衣櫃下。由於我不肯說出鑰匙的所在，父親只好弄來梯子，把蘇利文老師從二樓救下來，當時我眞是得意極了。半年後，我才拿出鑰匙交給母親。

大約我五歲的時候，我們從綠色家園搬到占地很大的新家。我們家人口簡單，只有父親、母親、我，以及兩個同父異母的哥哥，後來，又加上小妹妹米爾德。我對父親最初而又清晰的記憶是，我經過一大堆報紙旁，發現父親獨坐在一堆報紙前面。我完全不知道父親在做什麼，於是我模仿父親的動作，戴起他的眼鏡，以爲如此就可以知道了。多年後我才了解，那是一堆報紙，父親是報紙的編輯。

父親性情溫和，可親又寬大，對家庭很專一，很少離開我們，除非是狩獵季節。據家人描述，父親也是個好獵人和名射手。對他來說，生命中除了他最愛的家庭外，就只有狗和獵槍了。他也很好客，好客到幾乎過分了，很少回家時不帶客人。他也喜歡大花園。家人說，父親所栽種的西瓜和草莓是全村最好的；我的父親總是把最先成熟的葡萄和最好的草莓給我品嚐。他也常常帶我去樹林間和葡萄藤旁散步。他總是讓我快樂。

父親也是說故事的能手。在我學會了很多字後，他常常會在我手心裡，笨拙地拼字講述他那些趣聞軼事，只要我能適時地複述出來，他就再高興不過了。

一八九六年的夏天，當我在北部度假，享受宜人的夏天時，突然傳來父親的死訊。他生病的時間不長，卻因爲突然轉劇，很快就去世了。這是我生命中第一件感到悲慟的事，也是我對死亡的首次認識。

我的母親呢？因爲我和母親最親近，她在我的心目中，是沒有人可以取代的。

有很長一段時間，我都把我的小妹妹視爲妨礙者。知道自己不再是母親唯一的寶貝，我滿心都是嫉妒。妹妹總是坐在原本專屬於我的母親腿上，奪走了所有的呵護和母親的時間，某天，更發生了一件雪上加霜的意外。

那時候，我有一個心愛的洋娃娃，我把它取名叫「南西」。不論我發火時如何拿它出氣，它都不會生氣，因此它也變得破破爛爛了。我愛它勝過其他會眨眼、會說話的洋娃娃。我常把它安置在搖籃裡，學著母親的樣子安撫它。我精心守護著南西娃娃和它的搖籃。有一天，我發現小妹妹米爾德安靜地睡在我的搖籃裡，那時我正妒忌著她奪走母親的愛，而她怎麼可以睡在我心愛的「南西」的搖籃裡，我惱怒極了，就衝到搖籃旁，用力把搖籃翻倒過來；假如不是母親及時接住她，米爾德恐怕就跌死了。所以說，人一旦困陷於極度孤獨的深谷裡，就很難領會到溫柔情感其實源自關愛的言行和情誼這個道理。後來我懂事之後，知道了家人間密不可分的關係，才和米爾德心心相印，哪怕她不懂我的手語，而我也不懂她的兒語。

3

愛的搖籃

我彷彿聽到從聖山傳來聲音說：

「知識是愛、是光、是一種眼界。」

長得愈大，想要把自己的想法表達出來的欲望更形強烈，我有限的手語無法讓別人了解我的想法時，我就生氣。這種失敗讓我惱怒，卻又不知如何表示，只好瘋狂地踢打、哭鬧，在地上翻滾、吼叫，直到筋疲力竭。如果母親恰巧在旁邊，我就趕緊爬進她的懷中求取撫慰。日子愈來愈難捱，因爲無法溝通，卻又強烈想表達的衝突，讓我幾乎每天都發脾氣，甚至嚴重到每小時都有可能發作一次。

我的父母深感悲傷和困惑，可是在圖斯坎比亞鎮附近根本找不到盲啞學校，而且也幾乎沒有人願意到這種偏僻的地方來教一個又聾又盲又啞的小女孩。當時大家都懷疑，像我這樣的人還能受教育嗎？但是母親卻因爲讀了狄更生的《美國札記》，而重新燃起一絲希望。

《美國札記》一書中提到一位又聾又盲又啞的少女——蘿拉．布里奇曼，她經由豪伊博士的教導，學習有成。母親充滿了希望，可是當她得到消息說，發明聾、啞、盲教育法的豪伊博士已經去世多年後，母親苦惱極了，她懷疑——

豪伊博士是否有傳人？如果有，他們願意到這偏僻的小鎮來教導我嗎？

我六歲時，父親聽說巴爾的摩有位很有名的眼科大夫，他治好很多重症患者。父母親決定帶我去巴爾的摩，試試能否治好我的眼睛。

我記得很清楚，那眞是一趟愉快的旅程。在火車上我交了很多位朋友。一位婦女給我一盒貝殼。父親把貝殼穿洞，讓我可以一個一個用線串起來。有好長一段時間，這些貝殼帶給我快樂、滿足。車長也很和藹，他每次來查票或剪票時，我可以拉著他的衣角。他會讓我把玩他的剪子，那時我就蜷伏在座位的角落裡，把一些零碎的卡片剪出許多洞，如此自己玩了數個鐘頭。

姑媽用毛巾做了一個好大的娃娃。可是它沒有眼睛、耳朵、嘴巴、鼻子。沒有眼睛對我來說是個打擊，我堅持要每個人想辦法，可是沒有人能爲布娃娃加上眼睛。突然間，我靈機一動，溜下座位，找到了姑媽綴著大珠子的披肩，拉出兩顆珠子，示意姑媽幫我爲布娃娃縫眼睛。姑媽拉著我的手指出位置，我用力地點頭。那兩顆大珠子縫得很合我的意，讓我興奮得不得了。但沒多久，我便對它失去興趣。在旅途中，我沒有發過脾氣，實際上，有那麼多東西陪著，我忙碌得很。

到達巴爾的摩後，我們直接往齊夏姆醫生的診所，齊夏姆醫生和氣地接待我們。經過一番檢查，齊夏姆醫生表示他無能爲力。不過他鼓勵我們，他說我可以接受教育，並且建議父親帶我去找華盛頓的亞歷山大．葛拉罕．貝爾博士，他或許可以提供有關聾啞兒童學校以及師資的資料。我們依照齊夏姆醫生的建議，全家又急忙動身趕往華盛頓。父親的心情焦慮沉重，我卻絲毫沒有察覺，只覺得來來往往的旅遊好玩極了。亞歷山大．葛拉罕．貝爾博士簡直溫柔極了，我第一次見面就喜歡上他，當時他的豐功偉業已深受世人景仰。他把我抱在膝上，我可以玩弄他的手錶，貝爾博士讓手錶響起來，讓我可以感覺錶在振動。而且博士也了解我的手語，我更是喜歡他。我當時也沒有想到這次的會面，便是我展開生命，由黑暗走向光明、由孤獨到充滿溫情、並開啓知識的鑰匙。

貝爾博士勸父親寫信給波士頓的柏金斯醫學院院長阿納諾斯先生——那地

方便是《美國札記》中，豪伊博士為盲、聾、啞者孜孜工作的地方——問問阿納諾斯先生，有沒有適當的人選能勝任我的啓蒙教育工作。父親很快寫了信，幾個星期後，信差帶來了阿納諾斯先生的好消息，他向父親表示已經有了適當的人選，是一位可以勝任的老師。那時是一八八六年的夏天。但等到蘇利文老師來到我們家時，已經是一八八七年的三月了。

就這樣我出了埃及，來到西奈山前，一股神聖力量觸及了我的靈魂並帶來了光明，讓我見識到許多奇蹟。我彷彿聽到從聖山傳來聲音說：「知識是愛、是光、是一種眼界。」

4

希望

記得那個美好的夜晚，我獨自躺在床上時，巴不得明日早些到來，我覺得快活極了，因為日子充滿了希望。

我記得這一生最重大的日子，就是蘇利文老師來到的那一天。想到命運將兩個差異極大的人聯繫在一起，我不禁感到驚奇。那是一八八七年的三月三日，再三個月我就滿七歲了。

那個重大日子的下午，我默默地站在走廊上，由母親的手勢以及家人匆忙的樣子，知道一定有不尋常的事情將要發生。因此，我安靜地站在石階上等待。下午的陽光從走廊上的忍冬花叢灑落在我仰起的臉龐上，我用手指搓捻著花葉。我不知該如何是好，不知道未來將有什麼奇蹟發生。因爲當時的我，經過數個星期以來的憤怒、苦惱，已十分地疲倦了。

你是否曾身處濃霧籠罩的海面上，感覺自己好似被關在眞實的白色黑暗中，大船焦慮不安地前行，並以測水錘和探深繩摸索著靠岸的航道，而你則心跳加速地期待可能會發生什麼事？受教育前的我，就像那艘迷失方向的船隻，只是我既沒有羅盤和探深繩，也無從得知港口的遠近。我從靈魂深處無言地吶喊：「光！給我光明！」就在那一刻，愛的光芒照耀到了我身上。

突然，我感到有腳步向我走來，我立刻伸出雙手，以爲來的是母親。然後，有一個人緊握著我的手，把我緊緊地抱在懷中。我似乎了解，了解她就是來向我開啓一切事物的面貌、給我深切的愛的人——蘇利文老師。

第二天早晨，蘇利文老師帶我到她的房間，給我一個洋娃娃。後來我才知道，那是柏金斯啓明學校的小盲童們贈送的，衣服則是由年老的蘿拉．布里奇曼爲它縫製的。我把玩著這個洋娃娃。一會兒，蘇利文老師拉起我的手，在我的手掌上慢慢地拼寫出「d-o-l-l」，這個舉動，讓我對手指遊戲產生興趣，我也學著蘇利文老師的動作。當我正確拼出 doll 這個字時，我興奮又驕傲地漲紅著臉，我立刻奔向樓下找母親，在母親的掌中寫著 doll。我根本不知道有字的存在，也不知道自己是在寫字，我只知道模仿蘇利文老師的動作，讓手指在掌中轉動。這以後，我在這種方式中學會了拼字，比如別針（pin）、杯子（cup），以及站（stand）、坐（sit）和走（walk）。我跟蘇利文老師相處了好幾個星期後，才領悟到每樣東西都有名字。

有一天，我正在跟我的新洋娃娃玩的時候，蘇利文老師把我那個破爛的大布娃娃放在我的腿上，然後在我的手中寫著：d-o-l-l，她是要告訴我這個大布娃娃也和小布娃娃一樣叫做：d-o-l-l。有一天早上，我和蘇利文老師就爲了杯子（mug）和水（water）而有所爭執。蘇利文老師無法讓我清楚地分別它們的不同時，她很失望，於是暫停教學。過了一會兒時間，又拿起兩個布娃娃讓我練習，我簡直對她的再三練習感到不耐煩了，於是我一把抓起新娃娃，毫不留情將它重重地摔在地上。蘇利文老師把可憐的洋娃娃碎片掃到大爐邊，這種令人不愉快的東西能被掃除，我甚至覺得有些得意。當時除了我不太喜歡這個洋娃娃，還因我一直生活在黑暗中，根本不懂得溫柔、同情。等處理好洋娃娃，蘇利文老師將帽子遞給我，我知道又可以在陽光下走動了。這個念頭讓我感到雀躍欣喜，如果這種無聲的感覺能稱之爲念頭的話。

我們沿著小徑走向井棚，我被那些覆蓋在井棚上的忍冬花香味吸引住了。井棚有人在打水，蘇利文老師把我的手放在噴水孔下，當清涼的井水流過我的指間時，蘇利文老師在我的另一隻手上寫「w-a-t-e-r」——「水」字，起先很慢，第二遍再快寫一次。我靜靜站立著，注意著老師在我手上的動作。突然間，有股奇妙的感覺在我腦中激盪著；我知道文字、知道語言的奧妙了。清涼地流在手上的東西就是「w-a-t-e-r」，這一個生動的解釋，讓我茅塞頓開，我了解了每個東西都有令人喜悅的名字。剎那間，光明、喜悅、歡笑、希望的世界，在我的眼前完全地亮了起來。縱使感官的藩籬依舊存在，但它們也將及時被清除。

離開井棚後，我迫切地想要把所有的東西都學會。回想生活中的一切都有生命，我開始以充滿新奇的眼光看每一樣東西。進門的時候，我想起了那個被我摔壞的洋娃娃，我摸索著走到壁爐邊，撿起洋娃娃的碎片。我想重新拼湊它們，卻已經不可能了，想起方才的所作所爲，我不禁難過、後悔，而掉下了懊悔的眼淚。

那一天，我學了很多的新字，譬如媽媽（mother）、爸爸（father）、姊妹（sister）和老師（teacher）等字。這些字讓我的世界開了花。記得那個美好的夜晚，我獨自躺在床上時，巴不得明日早些到來，我覺得快活極了，因爲日子充滿了希望。

5

張開心靈的眼睛

我知道得愈多，愈了解大自然的偉大，
我發現自己的世界是這麼的可愛。

一八八七年的三月，蘇利文老師走進我生命；而另一個轉捩點是我在井棚張開了心靈的眼睛。我記得那年夏天發生很多事情。特別是因爲所接觸的事物多了，也就知道它們的名稱和用途，我感覺到自己和所有事物的親密關係，我對一切充滿了自信。

夏季時節，菊花、金鳳花開得到處都是。蘇利文老師牽著我的手漫步在田納西河的岸邊，望著田野、山坡，人們正在翻土播種。坐在溫軟的草地上，我第一次在仁慈的自然界中上課。我學到樹木是怎樣利用陽光和雨水，才能在大地上美麗地茁壯。我知道鳥兒是怎樣築巢，到處繁殖生活；松鼠、鹿、獅子和各種動物如何覓食和保護自己。我知道得愈多，愈了解大自然的偉大，我發現自己的世界是這麼的可愛。其實遠在我學會加減乘除或能夠描述大地樣貌之前，蘇利文老師已帶我認識到舉凡林木芳香、一草一葉，以及我的小妹妹那柔嫩小手的圓凹線條等各種事物之美。她引導我從大自然裡產生學習的興趣，領著我去感受鳥和花和一切東西的美。

可是，這時候卻發生了一件事，讓我發現大自然並不是永遠慈愛的。那是一個明朗的早晨，我和蘇利文老師手牽著手漫步了好遠的路程，但在回家的路上，天氣突然變得悶熱。好幾次我們都得在路旁小憩。最後，我們停在離家不遠的一棵碩大的櫻桃樹下。樹蔭令人舒暢涼快，蘇利文老師扶我爬上樹枝，在樹枝上找到位置坐。樹上眞是涼爽無比，於是蘇利文老師提議就在這兒午餐。我樂壞了，就在蘇利文老師回家拿午餐時，我安靜地乖乖待在樹枝上等她回來。

本來，我舒服地坐在樹上，享受著無比涼爽的風。忽然，涼爽頓時消失，有一股熱氣襲來，熾熱的陽光從空氣中消失了，泥土裡散發出一股怪氣味。這種怪氣味是會帶來雷雨的。某種不可名狀的恐懼攫住了我。我感到自己孤立無援，跟朋友及堅實大地斷絕了聯繫。被浩瀚和未知所包圍，我不敢蠢動，只能翹首企盼，但全身卻襲來一陣恐慌。我殷殷企盼著老師趕快回來，一心只想從樹上爬下來。

經過了一會兒的死寂，樹葉紛落，強風似乎要將大樹連根拔起似的，我嚇得鉤住樹枝，生怕會被吹走。凶猛的風吹得樹枝像暴雨般落在我身上。我衝動地想跳下去，但恐懼感很快阻止了我。我蜷縮在樹叉之間，掉落的樹枝敲打著我。不時傳來斷斷續續的劇烈搖晃，彷彿有什麼重物掉了下來，衝擊波一路竄升直達我所在的枝幹。我不安到了極點，覺得自己就要和大樹一起倒下了，就在這時，老師終於趕到，她抓住我的雙手扶我下來。我緊緊抱著她，高興到渾身發顫，雙腳又再次感受到大地了。我因此學到了新的一課，那就是大自然「會對其子民公然發起戰爭，在它最溫柔的觸摸底下潛藏著險惡的利爪。」

經過這次經驗後，我有好長一段時間不敢再爬樹，甚至一想到樹就會全身不舒服。直到有一天，我終於抵擋不住合歡樹的引誘，才克服恐懼的心理。那是一個美麗的春天早晨，我獨自在涼亭中看書，空氣中一直有股淡淡的香味。於是我站了起來，沒多想就伸出手。那股彷彿春天的氣息穿過了涼亭。「那是什麼呢？」我不禁納悶，但隨即我就認出那是合歡的花香。我決定去看看，我摸索到了花園的盡頭，合歡正好是在小徑的彎處。在陽光的照耀下，合歡的花朵翩翩飛舞，開滿花朵的樹枝幾乎垂到青草上。世上怎會有如此神奇的極致之美！那些精緻的花朵只要輕輕一碰，就會紛紛縮攏，簡直就像天堂之樹被移植到了凡間。我穿過了如雨般繽紛的花瓣，挨近大樹，站在樹下猶豫著。然後，我踩著樹枝爬上了樹。樹幹很大，樹皮粗劣地刺痛我的手，我費了好大的力氣，才攀上了樹幹。可是興奮的情緒不斷地促使我往上爬，我愈爬愈高，一直到找到了座位。這個位子是別人造的小椅子，由於日子久了，已變成了樹的一部分。我讓自己穩穩當當地坐好，想像自己是個仙女，在天空凌雲的仙女。有了這一次愉快的經驗後，我就經常爬上這棵樹，坐在樹的小椅子上，回想一些快樂的事，編織著美麗的夢。

6

喜悅和驚奇

如果沒有蘇利文老師愛的撫慰，我的才能、希望或喜樂便永遠不會甦醒。

現在，我已擁有一切語言的鑰匙，我熱切地學習如何使用。通常，聽覺沒有問題的小孩子，可以輕易地學會語言，別人說的話也可以輕鬆地了解與學習。但是，耳聾的小孩子卻必須經歷無數的痛苦，慢慢地才能學會。但無論如何的艱辛，結果卻是如此的美妙。我從每一件東西的名稱慢慢學起，我由期期艾艾地發音，進展到可以在莎士比亞的十四行詩中，進行我無數美妙的空間想像。

由於我知識有限，觀念模糊，字彙認識不多，開始時，老師教到新的事物，我很少有問題發問。但是我認識愈多東西，就學到更多的字，知識的領域更加擴大，所以發問的範圍也就拓廣了。我常常對一件事物會一而再地探問究竟，有時從一個學習的新字，可以想起以前發生過的種種經歷。

記得有天早晨，我第一次問起了「愛」這個字的意義。由於那時我的文字認識有限。我在花園裡發現了幾朵早開的紫羅蘭，我將它摘下來，送給蘇利文老師。老師高興得想吻我，但那時候我除了母親以外，並不願意其他的人吻我。那時候，蘇利文老師溫柔地抱著我，在我的手上拼寫「我愛海倫」。

「愛是什麼？」我問。

蘇利文老師摟得我更緊，用手指指著我的心說：「就在這兒。」我第一次意識到心臟的跳動，可是我不知道那是什麼。我對老師的動作感到困惑，因爲我只懂得摸得到的東西。

我聞一聞老師手中的花朵，用手勢和文字問她：「花香就是愛嗎？」

「不是。」蘇利文老師說。

我想，此時溫和的陽光正照耀著我們。

「這個是不是愛？」我指著光熱的方向，「這個就是愛嗎？」

我以爲沒有任何東西比得上陽光可愛，它的熱力使得萬物成長。可是，蘇利文老師搖頭。我覺得困惑，覺得好失望。而且我也覺得奇怪，爲什麼老師不能告訴我，什麼是愛。

經過一、兩天，我正串著珠子。我把一些大小不同的珠子分花樣串著。我老是弄錯，蘇利文老師在一旁耐心地一再爲我糾正錯誤。最後，我發現在珠子的排列上出了很明顯的錯誤，於是，我用心想著該如何來安排這些珠子。蘇利文小姐指著我的額頭，堅定且重重地寫出「思考」這兩個字。

一瞬間，我霎時明瞭到這個字詞就是我腦中那個運思過程的名字。第一次，我領悟到抽象觀念。

我靜坐了許久，我不是想著珠子的排列方式，而是在腦中用新的觀念來尋求「愛」的解釋。那天，鎮日烏雲滿布，間或夾有陣陣的細雨；忽然太陽衝破雲層，發出耀眼的光輝。

「這是愛嗎？」我又問老師。

「愛就像太陽未出現以前，滿布在空中的雲彩。」她回答說。然後她似乎理解到我仍是困惑的，她用比較淺易的文字解釋說：「妳摸不到白雲，可是，妳可以摸到雨水。妳也知道，在經過一天酷熱日晒後，要是花和土地能獲得雨水，會多麼高興！妳不能摸到愛，可是，妳可以感覺到它來臨時的甜美。如果沒有愛，妳不會快樂，也不想玩了。」

這句美好的眞理啓發了我，我覺得有無形的線條正穿梭在我和其他人的心靈中間。

從我受教育開始，蘇利文小姐都是以對待聽覺正常的孩子般對待我，稍有不同的是，她把語言寫在我的手上，而不是說出來。如果我無法明瞭那些我必須用來表達思想的字句或成語時，她會提醒我，甚至當我沒法與別人溝通時，她也會從旁立即提示我。

這種學習過程經過了許多年；因爲一個耳聾的兒童根本無法在數月或數年間學會常用的簡單語句。正常的孩子可以從不斷地重複與模仿中學會這些用語，而且能馬上靈活應用。耳聾的兒童就沒法自然地領受到這些。我的老師深諳此點，因此決心補足我所欠缺的這方面刺激。她盡其所能地將自己所聽聞的事物逐字翻譯給我知道，並一再反覆，由此教導我如何與人對話。不過這個過程很漫長，要等到很久以後，我才能大膽、主動地與其他人適當地說話。

聾盲的人要發現談話的樂趣是很困難的。如果兩個聾盲的人一起談話，就更加困難了。倘若少了他人的幫忙，根本就分辨不出講話的音調，也不知音階的高低，也無法察覺說話者面部的表情，而表情卻是說話最重要的部分。

7

學習閱讀

小孩子的思想好像一條淺溪，在崎嶇的教育路程上，時而泛起漣漪，時而輕快地奔流，倒影出這兒一朵花，那兒一棵樹，遠處則是一片雲彩。

學會拼字時，老師給了我好幾片紙板，上面有凸起的字母。我很快就知道，每一個凸起的字都代表著某種物體、行爲或特質。我有一個字框可以把單字排列成短句，但在我用這個框子排列短句之前，我習慣把字放在它們所代表的東西上面。比如我先找到代表洋娃娃的紙板，「doll」，又找出代表床的紙板「bed」，然後我把洋娃娃放在床上，再將紙板「doll」「is」「on」「bed」排列在洋娃娃的身旁。於是我可以用字組成句子，並且用實物完成句子的意義。

有一天，蘇利文老師要我把「girl」這個字別在圍裙上並站在櫃子裡。然後我在書架上將「is」「in」「wardrobe」排列出來。我最喜歡這個遊戲了。老師和我每次都可以玩上好幾個鐘頭。通常房間裡的東西都會被我們排成實用的句子。

這些印刷的紙條不過是進入書籍的最初階段。不久，我開始拿起「初級讀本」來尋找那些我已經認識的單字。當我找到它們時，所帶來的快樂並不亞於捉迷藏。就這樣，我開始閱讀，也開始接觸系列故事，後來甚至還能講述它們。

有一段時間，我的課程沒有一定，因爲就算是很用心學習，也只是像遊戲而不是工作。蘇利文老師教我事物時，都用美麗的故事或詩篇來說明。如果她發現我有興趣時，就不斷地與我討論，好像她自己也是小女孩。這包括了許多小孩害怕學習的文法、艱難的算術和定義，但是這些卻是我最珍貴的回憶。

我也無法解釋蘇利文小姐對我的快樂和願望所表現的特有的耐性，或許是她和盲人共處太久的緣故吧！此外，她有奇妙的描述才能，她會把無趣枯燥的小節很快地講解過去，使我不感到乏味囉唆，甚至她也不會責罵我是否忘了所交代的功課。她可以把枯燥無味的科學課業，以逼眞、有趣的詞句爲我解釋，讓我想要忘記也很難。

我們常常溜到有陽光照耀的樹林，在此可以閱讀和學習。我以前的課業都是在美好的樹脂松香和野葡萄的芬芳中度過。坐在野生鵝掌楸的宜人樹蔭下，我明瞭到萬物都有其意義可供學習。「世間萬物的美好，教會了我它們各種可用之處。」事實上，每件東西，凡是會作聲的、會唱歌的、會開花的，都包括在教育中——蛙鳴、螽斯與蟋蟀，我將蟲兒握在手中，直到牠們不自覺地發出了細長的聲音；還有毛茸茸的小雞、野花、山茱萸，河邊的紫羅蘭和剛發芽的果樹。我摸到棉花花球，我輕輕地撫摸那纖維和覆蓋絨毛的種子，微風颯颯地吹過玉米田，長葉沙沙作響。我們在牧場上捉住小馬，把勒鐵放在牠的口中，牠發出了不平的嘶聲——啊！那強烈的飼草氣息，深深烙印在我的腦海中。

有時候，我在黎明時分便起床，溜進花園，那時，晨露籠罩著花草。很少人知道，輕撫玫瑰的樂趣；也很少人知道，百合在晨風中搖曳的美姿。有時，我可以從正要摘的花上捉到小蟲，當小東西感受到外來的壓力，振翼飛翔，我也可以感覺到微微的聲音。

我們也喜歡到果園去，在那裡，七月初水果便成熟了。大桃子可以垂到我手中，當可愛的微風吹過樹林時，蘋果會掉落滿地。我把落在腳旁的蘋果放在圍裙裡，把臉貼在蘋果上，由於太陽的照射，它們仍有陽光的溫暖。那種感覺美好極了！我常快樂地跳躍回家。

我們最喜歡散步到凱協碼頭，那是田納西河邊的一個倒塌了的木砌碼頭，在內戰時，軍隊由此登陸。我們在那裡愉快地度過了好幾個小時，並且可以學習地理。我用小圓石建造堤岸、小島和湖泊，又挖河床，純粹是好玩，誰知卻在不知不覺中又學會了一課。蘇利文老師常以生動的口氣描述大而圓的世界。她告訴我有活火山、被活埋的城市、移動的冰河，以及奇奇怪怪的事，我愈聽愈驚奇。她用黏土做成凸起的地圖，讓我可以摸到山脊和山谷，可以摸索到蜿蜒的河道。這個我很喜歡，但是我總是分不清赤道和兩極。蘇利文老師就用繩子和橘枝很逼眞地代表兩極。直到今天，只要有人提起氣溫帶，我就會聯想到很多一連串編結而成的圓圈圈。我想，假若有人騙我說白熊會爬上北極那根柱子，我想我會信以爲眞。

算術是我唯一不喜歡的功課。一開始我便對數字不感興趣。蘇利文老師會用珠子串組的遊戲來教我，或是用幼稚園排小東西的方法來教我。但是，我都因煩躁沒耐心，而勉強地排出六組就停止了，我以爲自己已經盡到責任，應該可以出去找同伴玩了。

我也用悠閒的態度學習動物學和植物學。

有一次，一位我現在已經忘記姓名的先生寄給我一堆化石，這些化石上有美麗的軟體動物的殼、有鳥爪痕跡的沙石，和一個形狀可愛的羊齒植物的浮雕。這些都是爲我打開上古時代寶藏的鑰匙。我顫抖著手指，傾聽蘇利文小姐講述那些恐怖的野獸，牠們的名字古怪而且很難發音。這些猛獸在原始森林裡流浪，牠們撕扯粗大的樹枝當食物，在不知名的時代死在陰森的沼澤裡。這些奇異的野獸盤踞在我的夢中有好長一段時間，如今那段陰鬱的時光已然淡去，隱沒於充滿陽光、玫瑰以及小馬輕巧蹄聲迴繞的快樂生活之中了。

又有一次，有人送給我一個美麗的貝殼，我在那份小孩子的驚喜中，了解到小小的軟體動物是如何建造堅硬的殼做居所。我又知道在風平浪靜的夜裡，鸚鵡螺是怎樣坐著牠的「珍珠船」漂浮在印度洋的藍色海洋中。我學了很多關於海洋動物的有趣生活和習慣，比如微小的珊瑚蟲是如何在洶湧波浪中，造就出太平洋的美麗珊瑚島；有孔蟲又是如何將衆多的白堊丘轉變成了陸地。我的老師爲我讀了《築室的鸚鵡螺》（*The Chambered Nautilus*），我可以從書中得知軟體動物造殼的過程。我也從中得知鸚鵡螺會把水中吸來的物質，改變轉換成身體的一部分；這就像一個人可以經由蒐集的知識，經過吸收變化，成爲他思想中的一部分。

植物的生長過程也成了我的課業主題。蘇利文老師爲我買了一株百合花，放在有陽光的窗櫺上。不久，便有嫩綠、尖尖的花蕾伸展出來。雖然葉子像纖細的手指緩緩地綻放，有意無意要隱藏本身的美麗，可是，一旦有了開始，它便熱情地盡情怒放，一點也不失原有次序和系統。最神奇的是，它們其中一定會有一個花蕾較其他的大，當它脫穎而出時，就好比脫去美麗、柔軟、細緻外袍的百合花。等到其他的小花蕾也靦腆地脫下它們綠色的頭巾，整株植物就變成了一棵美麗、芳香的花枝。

還有一次，我在長滿綠藤的窗台上的玻璃缸裡，發現了十一隻小蝌蚪。我興奮地把手指放進水缸，讓那幾隻輕快的小蝌蚪在手指間溜來滑去。一天，有條大的蝌蚪獨自跳出水缸，掉在地上，等我發現時牠已經奄奄一息了，唯一的生命跡象只有牠輕輕扭動的尾巴。我迅速地把牠放進水缸後，牠快速地潛入水底快樂地繞著圈子。牠曾經跳出來，見識過這個偉大的世界，現在牠卻滿足地優游在晚櫻樹下更大的水缸裡，最終將長成一隻體面的青蛙。到了那時，牠就會生活在花園的水池裡，愉快地唱出牠的仲夏夜情歌。

就這樣，我從生命的本身學習。起初我懵懂無知，但蘇利文老師卻開發出我的各種潛力。老師的到來，讓我得以生活在愛的喜悅和驚奇之中，生命充滿了無數愛的意義。她從來不放過教導我萬物之美的機會，並持續在思想言行上以身作則，教育我成爲一個有用之人。

多虧了老師的智慧、即時安慰和慈愛的教誨，我的早期教育才能如此美妙豐富。她把握住每一個適當的機會，把愉快和易於接受的知識教給我。她體會到小孩子的思想好像一條淺溪，在崎嶇的教育路程上，時而泛起漣漪，時而輕快地奔流，倒影出這兒一朵花，那兒一棵樹，遠處則是一片雲彩。她盡力引導我的心靈走向正途。因爲老師深知，小溪尙需山澗泉水的灌溉，方能成爲深遠大川，如此一來，平靜的河面上才能映照出連綿山巒、明亮樹影和蔚藍晴空，以及一朵小花的嬌美臉龐。

任何老師都能把孩子帶進課堂，卻不一定都能讓他有所收穫。無論孩子忙或不忙，他若覺得受拘束不自由，就無法快樂學習。孩子必須先感受到獲勝的激動感和受挫的沮喪感後，才會願意去面對討厭的難題，勇於去上枯燥的日常課程。

老師對我親密得如同家人，我從來也不敢想像會同她分開。我說不出來我對美麗事物的喜悅，有幾分是來自於她的影響，又有幾分是與生俱來的。我只是覺得我無法跟她分開，她已經是我生命中的一部分，我的優點全部屬於她，如果沒有她愛的撫慰，我的才能、希望或喜樂便永遠不會甦醒。

8

耶誕節

我的禮物不只在襪子裡、在桌子上、
椅子上，甚至門檻以及每個窗櫺都令
我驚喜的大跳；我簡直是跌跌撞撞地
碰到那些包在皺紋紙裡的聖誕禮物。

蘇利文老師來到圖斯坎比亞後的第一個耶誕節是一件大事。家裡每一個人都準備給我一些使我驚喜的禮物。最令我高興的是，我和蘇利文老師也準備給每一個人驚喜的禮物。包圍著禮物的神祕，給我非常大的喜悅和消遣。我的朋友們極盡所能地以暗示或是不完整的句子來引起我的好奇心，他們非得要等到適當的時機才願意打開謎底。蘇利文老師和我則繼續猜謎的遊戲，這樣反而比固定的功課更能使我了解言語的用途。每天傍晚，我們圍坐在熊熊的柴火旁，一整夜玩著我們的猜謎遊戲。耶誕節一天一天的接近，我們愈來愈興奮。

耶誕節前夕，圖斯坎比亞鎮的學童們邀我參觀他們的耶誕樹。一棵美麗的耶誕樹立在教室的中央，它在柔和的燈光中微微地閃耀發光，樹枝上掛滿了稀奇美好的水果。那是一段極其快樂的時光。我欣喜若狂地繞著耶誕樹跳躍。當我得知每一個小孩子都會得到一份禮物時，眞是高興極了。那些布置耶誕樹、還準備禮物的仁慈人們，允許我把禮物分發給其他孩童。我高興地發著禮物，我幾忍不住一直瞥看自己那一份。等到眞正的耶誕節到來，準備要拆禮物時，我幾乎迫不及待了。我早就知道自己的禮物不會是朋友們所暗示的東西，蘇利文老師則告訴我，我會收到超出預期更棒的禮物。最後，我也被說服，滿足於現在從樹上取下來的禮物，而把其他的留到耶誕節早上。

那天夜裡，也就是平安夜，我把長襪子掛好以後，便躺在床上，卻難以入眠。我一直很好奇，好奇地想看看聖誕老人什麼時候會來，祂會做些什麼？但沒有辦法，我終於不支地擁著懷中的新布娃娃和一隻小白熊睡著了。第二天清晨我比誰都起得早，以我的第一聲「聖誕快樂」叫醒了所有的人。結果我發現，我的禮物不只在襪子裡、在桌子上、椅子上，甚至門檻以及每個窗櫺都令我驚喜地大跳；我簡直是跌跌撞撞地碰到那些包在皺紋紙裡的聖誕禮物。尤其是當我發現老師送給我的禮物是一隻金絲雀時，眞是高興極了。

我爲這隻金絲雀取名爲「提姆」。小提姆很靈巧，牠會在我的手指上跳來跳去，又會從我的手掌中啄食紅櫻桃。蘇利文老師教導我如何照顧牠。每天早晨，吃過早餐後，我便替牠洗澡，清掃牠的鳥籠，爲牠添加飼料，並從水井取來清涼的水裝在牠的水盒裡，然後在牠跳玩的棲木條上掛著蘩縷草。

一天早晨，我把籠子放在窗檽上，然後去取水準備讓牠洗澡。當我取好水，打開門走進房間時，感覺到有一隻大貓，飛也似的擦掠過我的身邊。起初我並沒有察覺到發生了什麼事，可是當我把水放進鳥籠時，卻摸不到小提姆美麗的翅膀，也沒有提姆尖尖的小嘴，我當下就知道永遠都見不到那可愛的小歌手了。

9

波士頓之行

火車終於進入了波士頓車站，彷彿一個美妙的神話故事變成了事實。只是「從前」變成了「現在」，而「很遠的地方」變成「近在眼前」了。

我一生中的第二件大事，便是一八八八年五月的波士頓之行。當時的行前準備、與蘇利文老師和母親同行、旅程本身，以及到達波士頓之後的種種情景，至今仍歷歷在目，恍如只是昨日之事。這次旅行和兩年前的巴爾的摩之行有很大的不同。這時我已不再是當時那個好動、興奮，而在火車上需要許多人照顧和安慰才能快樂的小女孩。我安靜地坐在蘇利文老師的身旁，專注地聆聽她為我描述的有關車窗外的一切：美麗的田納西河、廣大的棉田、遠處綿延的山嶺、蒼翠的森林，以及車站上一群群嘻嘻哈哈的黑人，他們朝車上的旅客揮手，兜售可口的糖果和玉米花球。坐在我對面位子上的是又大又破舊的布娃娃「南西」，我為它穿了一件方格衣裙，給它戴了一頂皺褶的遮陽帽，它一對玻璃珠的眼睛目不轉睛地注視著我。每當我沒有集中心思聆聽蘇利文老師的講解時，便想起了南西，我就把南西抱起來，不過我通常都相信它是熟睡了的。

這以後恐怕也沒有機會再提到南西了，它到達波士頓後簡直慘不忍睹。它全身沾滿了塵土——大概是我在車上逼它吃泥餅殘屑，雖然它從未表示喜歡吃泥餅。柏金斯啓明學校的洗衣婦偷偷地幫它洗了一次澡。但這對南西來說簡直太過分了。等我見到它時，它變成了一堆毫無形狀的棉布，若不是它那兩隻眼睛怒瞪著我，我真的一點也認不出它來了。

火車終於進入了波士頓車站，彷彿一個美妙的神話故事變成了事實。只是「從前」變成了「現在」，而「很遠的地方」變成「近在眼前」。

一抵達柏金斯啓明學校，我立即和小盲胞們成了朋友。當我知道他們會手語時眞是高興極了。我可以和他們以手語和指語交談，我們玩成一片，絲毫沒有距離，這眞讓我欣喜若狂。在這之前，我像個異邦人士，講話一定得透過第三者的翻譯。在這裡——柏金斯啓明學校，我才覺得是在自己的國度裡。過了好些日子，我才知道我的朋友們都是瞎子。我知道自己看不見；但我從未想到環繞在我身旁，開心地嬉戲的、熱情的小朋友們也是瞎子。我仍記得，當我注意到他們把手放在我手上與我交談，而且用手指讀書，我眞是既痛苦又驚奇。雖然他們已經告訴我，而我也明白自己身體上的缺憾，但我曾經模糊地思量，既然他們都可以聽到，必然是有一種「第二視覺」，所以當我知道一個又一個的小孩子都被剝奪了這種寶貴恩賜時，我實在是難以置信。只是，他們是那麼快樂，那麼活潑，而且又滿足地在一起嬉鬧，因此，我也在他們的快樂氣氛、熱情的友誼中忘掉一切的痛苦。

我在這個新的環境簡直賓至如歸。日子一天天的過去，我熱切地尋求一個又一個快樂的經歷。我把波士頓看作整個世界，幾乎不太相信還有其他的世界。

在波士頓期間，我參觀了班卡山，在那裡學了第一課歷史。勇士們曾經在此奮勇抗敵，我很喜歡那段故事。我數著階梯攀上紀念碑，當我愈攀愈高時，心裡面想像著以前的士兵也爬上階梯，在上面射殺地面的敵人。

第二天，我們乘船去普利茅斯。這是我第一次的海上旅行，也是第一次坐汽船的航程，眞是充滿生命和動力的經驗！那時在船上，機艙機器的吼聲使我以爲是打雷，心想若下了雨，便不能在戶外野餐了，心裡一急，竟哭了起來。

我想在普利茅斯時，我對於清教徒曾經登陸的那塊大岩石的興致，幾乎遠超過普利茅斯其他的東西。觸摸它時，我覺得清教徒的來臨、他們的跋涉和偉大事蹟更栩栩如生，如在我眼前。而後，我常常拿著一個小的普利茅斯岩模型，那是在清教徒紀念廳中一位和藹的先生送給我的，我時常摸著它的彎曲處、中間的裂縫和上面凸起的「1620」幾個數目字，腦海裡不時想著我所知道的那個奇妙的清教徒故事。

我幼稚的想像力隨著他們冒險犯難的烜赫聲名滋長。他們的形象被我理想化了，我認爲他們是到異地建立家園的人們中，最有勇氣也最慷慨的，他們不但爲自身追求自由，更爲他們所有同胞追求自由。但是多年後，了解到他們令我們蒙羞的迫害行爲後，我深深地感到驚訝與失望，尤其是我們還對先人們以勇氣和幹勁建立了這個「美麗國度」引以爲傲。

我在波士頓認識了威廉・恩迪科特先生和他的女兒，他們很仁慈，使我感覺非常愉快。有一天，我們到貝弗利農場拜訪他們美麗的家園。就在我穿過美麗的玫瑰園時，他們的狗里奧和一隻較小的捲毛狗弗里茲搖著長耳朵一起跑來歡迎我，最會跑的一匹馬——尼普諾，把鼻子伸到我手中，也帶走了我手中的一塊糖。我記得第一次在沙上玩的感覺，然而這裡的海灘讓人感覺堅硬、光滑，與布勒斯特那鬆軟尖銳、混有海草與貝殼的沙灘顯然不同。威廉・恩迪科特先生還向我說，波士頓有出港開往歐洲的大船，正從海面經過。以後，我又見過他好幾次，他永遠是那麼友善。事實上，每當我把波士頓稱爲「善心之城」時，就會想起他。

IO

擁抱海洋

海水似乎對我這新的玩物厭倦了，終於又把我拋回岸邊， 老師立刻緊緊地把我擁抱在懷中，可親、溫暖的懷抱啊！ 當我從恐懼中回復時，立刻就問：「是誰在海水裡放了鹽？」

就在柏金斯啓明學校放暑假之前，蘇利文老師和好友霍普金斯夫人已安排好了，我們將在鱈魚角（Cape Cod）的布勒斯特一起度假。我興奮極了，腦海裡盡是未來的愉快日子，以及許許多多奇妙的海洋故事。

那年暑假，我印象最深刻的就是海洋。我一直沒有機會接近海洋，也沒有嗅過有海水鹹味的空氣，但我在一本名叫《我的世界》（*Our World*）的書裡，讀過一段有關海洋的描寫，使我對海洋充滿了好奇，渴望能夠撫摸一下雄偉的海洋，聽聽它的狂嘯。因此，當我知道願望將可實現時，眞是興奮不已。

他們一替我換好游泳衣，我便迫不及待地跳到那溫暖的沙灘上，而且毫不猶豫地衝入清涼的海水裡。我感到了巨浪的衝擊。載浮載沉的海水令我快樂得有點戰慄。忽然，我的腳一不小心撞到了一塊岩石，海水立即沖到我的頭上來。我伸出雙手，著急地想抓住一些東西，可是只有海水和一些絆在臉上的海草。不管我怎麼努力都無濟於事。浪花好像和我玩耍一樣，把我拋來擲去，眞是可怕極了。堅實可靠的陸地從我腳下溜走，所有的一切——生命、空氣、溫暖和關愛，都好像被這種籠罩式的奇特環境給隔離在外了。最後，海水似乎對我這新的玩物厭倦了，終於又把我拋回岸邊，老師立刻緊緊地把我擁抱在懷中，可親、溫暖的懷抱啊！當我從恐懼中回復時，立刻就問：「是誰在海水裡放了鹽？」

當我從海的經歷中恢復後，就愛穿著游泳衣，坐在大岩石上感受海浪衝擊岩上，濺起驟雨般的浪花，向我迎頭潑下。沉重有力的海浪衝擊著海岸時，我可以感受到沙石的摩擦聲，它們可怕地攻擊，使整個海灘看來殘缺不堪，空氣也變得躁動起來。碎浪往後驟退，繼而以更迅猛之勢撲來。當我感受到大浪的衝刺和咆哮，我總是緊張得緊抓岩石。

我對海岸戀戀不已。清新、潔淨又奔放的大海氣息，彷彿就像某種平靜沉穩的思想。小石子和附微生物的海草，都對我有無限的吸引力。一天，蘇利文老師在淺水中捕獲一隻奇異的生物。那是一隻很大的鱟，很像螃蟹，我以前從未看過。我摸摸牠，覺得好奇怪，牠居然把房子馱在背上。我想到牠可能是一個好玩的東西，就用手抓住牠的尾部，把牠抓回家當玩物。這是滿吃力的工作，因爲牠的身體很重，我抓著牠只走了半哩路，就已經筋疲力竭。回到家後，我纏著蘇利文老師，要她把鱉放在井邊一個我認爲安全的水槽裡。但是第二天早晨，我走到水槽邊去時，牠竟不見了！沒有人曉得牠到哪去了，也沒有人曉得牠是如何溜走的。我失望極了；但是，漸漸地，我了解到把一隻孤單的動物帶離牠適應的環境，是不仁而且不聰明的作法。過了些時候，我想到牠可能已經回到海中時，心情就又愉快起來。

II

打獵

清新、美麗的世界，把所有寶藏置於我的腳下，可以讓我盡情地俯拾任何知識，我發現所有的事物都充滿生之情趣，我沒有一刻安靜； 我的生命就如那些只有一天生命的昆蟲，充滿了生命的活力。

那年秋天，我心中裝滿了愉快的回憶，返回南方家園。現在一想起北部之行那些多采多姿的地方，心中便充滿了歡樂。似乎那是一切事情的開始。清新、美麗的世界把所有寶藏置於我的腳下，讓我盡情地俯拾任何知識，我發現所有的事物都充滿生之情趣，我沒一刻安靜；我的生命就如那些只有一天生命的昆蟲，充滿了生命的活力。我見過很多人，他們都是以在我手中寫字來與我交談，我們的思想充滿了快樂的共鳴。你瞧，奇蹟就這麼鍊成了！在我和別人思想之間的貧瘠地帶上，也能綻放出美麗的玫瑰。

在距離圖斯坎比亞約十四哩的一個小崗上，我們有棟夏季別墅，我和家人在那裡度過了秋天。它被稱爲「羊齒石場」，因爲附近有一個已廢棄的石灰岩坑。有三條小小的小溪從岩石中流出，經過石灰坑，遇到岩石阻住水流時，它們就像小瀑布似的輕快地四處亂跳。洞口被羊齒植物塞滿了，石灰岩的坑底完全被遮蓋著，小溪多處也被隱匿起來。山上其他部分長滿了茂密的樹林，其中有巨大的橡樹，以及樹幹覆滿青苔的常綠樹，樹枝間還垂掛著常春藤和槲寄生的花環；柿子樹的果實芳香瀰漫在樹林各個角落，迷幻般的香味令人心情愉悅。而野生的圓葉葡萄和斯卡伯農葡萄蔓生連成一大片，葡萄藤間總是穿梭著許多蝴蝶和嗡嗡叫的昆蟲。在傍晚時分，森林特有的清香到處瀰漫，置身其間眞是令人心曠神怡。

我們的別墅是一個簡陋的營地，正好坐落在山頂的橡樹林和松樹林之間。小房間分列在一座開闊的長型大廳旁側。房子外圍環繞著寬廣的遊廊，山風不時夾帶著林木芬芳吹拂而來。我們大部分的時間都待在遊廊上，在這裡工作、吃飯、玩樂。後門旁邊有一棵巨大的白胡桃樹，樓梯正是環繞著它而建造的。屋前則矗立著很多我伸手就能摸到的樹，可以感到被風搖撼的樹枝，也可以感到秋風裡，落葉繽紛。

時常有很多人來羊齒石場探望我們，他們總是在深夜圍著營火玩紙牌，或是聊天，或是遊戲以消磨時光。他們講述著自己狩獵的偉大事蹟，打到多少隻野鴨、火雞，或是捉到多少「野蠻的鱒魚」，以及如何抓到最狡猾的狐狸、如何跟聰明的負鼠鬥智、如何追上敏捷的鹿。我心想，在這些狡詐獵人面前，恐怕連獅子、老虎、熊或其他野生動物都無法倖存了。「明天去打獵！」成了這群快樂的朋友們散會時的道別詞。那群人睡在門外的走廊上，我可以清楚地感覺到獵狗和睡在臨時鋪位上獵人們的沉重鼻息聲。

破曉時分，我被咖啡的氣味、槍枝的摩擦聲、以及獵人們大踏步的腳步聲吵醒了，種種跡象都顯示他們對狩獵季節的好運氣寄以厚望。我又感覺到從城裡出來被拴在樹下的馬兒，正在頓足、高聲嘶鳴，急於上路出發。終於，那些人上馬了，就像老歌裡所唱的那樣：策馬揚鞭，獵犬在前開路，獵人啊，勇往直前出征吧！

近中午時，我們準備午餐。我們在地上已掘好的深洞點上火，架上大木棍，用鐵線穿過肉串在上面燒烤。黑皮膚的僕人繞著火蹲著，用樹枝趕蒼蠅。烤肉的香味充滿在空氣中，使我在用餐前便餓得腹如雷鳴了。

當我們的情緒在準備的騷鬧和興奮中達到極點時，獵人們三三兩兩地回來了。他們又熱又累，坐騎汗流浹背，疲倦的獵犬在喘息，神情似乎很沮喪，因為沒有獵物帶回來。用餐時，每個獵人都自稱曾看到一隻以上的鹿，而且是近在咫尺之間；雖然獵犬會追獵物，槍也可能瞄得很準，但按動扳機時，卻連一隻鹿的影子也沒有了。他們說著自己曾在近距離下看到一隻兔子，還發現了牠的足跡，那模樣簡直就像個幸福的小男孩。無論如何，獵人們在愉快的午宴中，很快便忘記了令人失望的事情，他們大口大口地吃著牛肉和烤豬肉。

這年夏天，我在羊齒坑有了一匹屬於我的小馬。我叫牠「黑美人」，因為我剛剛讀過那本書。牠和書中的小馬很相似，尤其是那光澤的黑毛和額上的白星星，簡直是一模一樣。我在牠的背上度過了最快樂的時刻。偶爾，蘇利文老師認為夠安全時，便會放開馬兒，讓黑美人自己決定是要向前漫步或隨興停下來吃草。

在我不想騎馬的早晨，老師和我便在早餐後到林子裡散步。興之所至，便故意讓自己迷失在樹林裡和葡萄藤中，那裡只有牛馬所踏出來的小徑。當我們碰到不能通過的叢林時，往往要繞好大一個圈子。常常我們都帶著一手的桂花、秋麒麟草，和一些在南方沼澤生長的花朵返回別墅。

有時候，我會和米爾德及表弟們去摘柿子。我並不喜歡吃柿子，可是我非常喜歡它們的芳香，更喜歡在葉子或草堆中尋找它們。我們也採硬果，我常幫他們剝開硬栗芒刺，或是敲破胡桃殼。

山腳下有一條鐵路，小孩子們最喜歡站在山上，看著山腳下的火車轟然疾駛而過。有時尖銳的汽笛聲使我們嚇得跳起來，米爾德都會緊張又興奮地告訴我，有一隻牛或是馬正在鐵軌上到處走動，卻絲毫不爲尖銳的汽笛聲所動。離別墅大約一哩路之外，有一座鐵橋橫跨在很深的狹谷上。要從狹谷上面通過實在很困難，因爲枕木間的距離很大而且很窄，任何人經過都會有如在刀鋒上的感覺。我從來沒去過這座橋，直到有一天，蘇利文老師帶著我和米爾德在樹林中迷了路，耗了好幾個鐘頭仍然走不出來。

突然，米爾德用她的小指頭指著前方大叫：「鐵橋就在那裡了！」其實，我們寧願走其他小路，也不願過這座橋，可是天色漸漸暗了下來，而且這座橋又是回家的最佳捷徑。過橋時，我必須用腳趾摸索鐵軌；但我一點也不害怕，很順利地前進，直到遠處傳來一陣若有似無的「咻咻」的噴氣聲音。

「我看到火車了！」米爾德大叫。倘若我們不是在它往我們衝來的剎那，及時爬下伏在交叉柱上，很有可能我們都被輾死了。我可以感覺到火車頭的熱氣噴在我臉上，噴氣跟煙灰幾乎使我們窒息。當火車隆隆而過時，鐵橋震盪不已，我以爲我們會掉到深谷裡。一直到火車走過，我們才努力爬回鐵軌上。那時，天完全黑了，我們回到家時，竟發現別墅內空無一人，原來大家都出動找我們去了。

12

雪的世界

我們用手輕輕地碰觸，它們便像雨點般的灑跌下來。 好炫目的光，甚至透過了遮住我眼睛的一片黑暗。

經過了那一次的波士頓之行後，我幾乎每年冬天都在北方度過。有一次，我旅行到一個有結冰的湖和廣大雪地的新英格蘭小村落，因此有了前所未有的機會欣賞雪景。

我仍記得，當我發現大自然的怪手剝去樹木和叢林的外衣，只留下一、兩片枯黃的樹葉時，眞是驚訝極了。鳥兒已經飛走了，留下蓋滿雪花的空巢在禿樹上。山上、田間都是冬天的世界。它冷酷的觸摸似乎痲木了大地，樹木的生機已經萎縮，蜷曲的身軀也在黑暗裡熟睡了。所有的生命似乎都已經衰退，甚至當太陽在大放光明時，白天仍然是萎縮寒冷，彷彿它的靜脈已經枯竭而衰老，它軟弱無力地爬起來，最後，幽幽地望著天地和海洋。

有一天，寒凜的空氣預告了暴風雪將來臨。

沒多久，雪花開始飄落，我們衝出屋外，去接觸最先降下的幾片小雪花。接連幾個鐘頭，雪花不斷悄悄、柔和地從高空向地面落下，整個村莊逐漸變得平坦。雪夜封閉了這個世界。清早起來，幾乎分辨不出村莊的原貌。道路都被隱匿到雪裡，甚至連路標都不見了，唯有光禿禿的樹林在雪地中靜立著。

晚上，突然颳了一陣東北風，猛烈混亂的雪花向四處飛湧著。我們圍坐在熊熊的爐火邊，快樂地講故事和嬉戲，幾乎忘記了我們身在荒涼和人煙稀少的地方。而且由於大雪，我們也與外面世界的交通完全斷絕。可是，風在夜間愈加猛烈，此時一陣陣隱約襲來的恐懼感使我們戰慄。屋簷軋軋作響，狂風在田野裡到處肆虐，使得折斷的樹枝不停敲打著窗戶，發出嘎嘎的聲響。

暴風雪後的第三天，太陽破雲而出，照在廣大起伏的白色平原上。四周被雪堆成了奇形怪狀的高山大丘和金字塔，還有許多無法穿越的雪堆。

我們終於在雪堆中鏟出一條狹窄的小徑。我披上頭巾和斗篷走出來。冷風好像火焰般刺痛雙頰。我和蘇利文老師一邊在小徑中間走，一邊在較小的雪堆中打開出路，終於成功地到達了一個大牧場外面的松樹林。松樹僵直地站著，白得就像是大理石牆飾的圖畫，松葉的芳香已經嗅不出來。陽光照著樹枝，就好像鑽石般閃耀，我們一用手輕輕地碰觸，它們便像雨點般的灑跌下來。好炫目的光，甚至透過了遮住我眼睛的一片黑暗。

隨著時間的消逝，雪堆慢慢縮小，但在它們完全消失之前，另一場大風雪又來臨了。因此，整個冬天，我幾乎沒有感到大地就在腳底。偶爾，樹林會卸下它身上的冰層，可是很快地又會披上一件相同的白衫；蘆葦和矮草叢也都枯黃了；躺在陽光下的湖水也又凍又硬。

那年冬天，我們最喜愛的娛樂要算乘雪橇滑行了。湖的一些近岸地方陡峭地從水線升起，我們就從這個斜坡滑下。我們爬上自己的雪橇，一個男孩在後面把它一推，我們便在閃耀的湖面疾駛而過，直達對岸，在這狂歡和愉快的時刻，我們似乎與世界脫了節，馭風而行，飄飄欲仙。

13

學習說話

我永遠不會忘記，當我說出有生以來第一句連貫而且有意思的句子時，內心所感到的驚喜。雖然只是斷斷續續的音節，但那是人類的語言。

一八九〇年春天，我開始學習講話。我一直渴望能夠說出聽得見的聲音。我常常把一隻手放在喉嚨上，另一隻手去觸摸嘴唇的動作，然後發出一些聲音。我很喜歡自己發出的所有聲音，也喜歡去感受貓咪發出的咕嚕聲和狗的吠叫聲。我也喜歡把手放在歌唱者的喉嚨上，或放在正在彈的鋼琴上。在我聾盲之前，學講話是很快的，但是，病好了之後，我不說話了，因為我聽不見了。那時候，我整天坐在母親的大腿上，把手放在她臉上，因為，這樣我就可以感覺到她的嘴唇在開闔，心裡便覺得好興奮好快樂；我也會蠕動嘴唇，雖然我已忘了說話是什麼。朋友們說，我的哭笑都很自然，有一段時期，我常發出許多聲音和語言基本音，不單是因為它們是交談的方法，而是必須訓練我的說話器官。在我病後還能記得的字只有一個，那就是「水」。我發成「wa-wa」，甚至愈來愈模糊，直到蘇利文老師開始教導我。也直到我學會指頭拼寫後，我才停止發出這個聲音。

我早就知道，四周的人都用與我不同的方法交談，甚至在我知道耳聾的人也可以學習說話以前，我已對自己擁有的交談方法感到不滿足。一個完全依賴手語的人，總有一種被約束和受限制的感覺，這種感覺讓我愈發懊惱，更想要盡快彌補自己的缺陷。我的思想常常升起跳動，好像迎風飛舞的鳥兒；我堅持使用我的嘴唇和聲音。朋友們盡力想打消我這個念頭，無非害怕結果會讓我失望。但我仍然堅持著，不久發生了一件終於可以打破這道障礙的意外——我聽到了拉根希爾德・卡達（Ragnhild Kaata）的事蹟。

一八九〇年，曾當過蘿拉・布里奇曼老師之一的拉曼遜夫人剛從挪威與瑞典訪問回來，她隨即到我家探訪，告訴我挪威有一個又聾又盲的女孩子，叫做娜希・卡達，她真的學過說話，拉曼遜夫人還沒有說完這個女孩子的學習過程，我已心急如焚，馬上下定決心，也要同樣地學會說話。我一直不肯善罷干休，一直到蘇利文老師帶我去見波士頓赫拉斯曼恩聾啞學校的校長莎拉・福勒小姐，請求她指示我、教導我。這位和藹可親的女士願意親自教導我，於是我們在一八九〇年三月二十六日開始上課。

福勒小姐的方法是——她拉我的手在她臉上輕輕摸過，讓我感覺她發音時舌頭和嘴脣的位置。

我很用心地去模仿每一個動作，結果，一個小時內便學會了六個基本的發音：M、P、A、S、T、I。終於，福勒小姐教完我全部的十一課。我永遠不會忘記，當我說出我有生以來第一句連貫而且有意思的句子「天氣眞暖和！」時，內心所感到的驚喜。雖然只是斷斷續續的音節，但那是人類的語言。我意識到新的力量，讓我的靈魂從枷鎖中釋放出來，從這些斷續的語言記號，表達知識和完整的信念。

當一個聽障小孩熱切地學習說他從沒有聽過的話語，想要掙脫那個沒有愛的音調、鳥的歌聲、音樂的旋律所穿透的死寂世界，絕對不會忘記說出第一個字時的那股驚訝的激動、發現時的欣喜。我對玩具、石頭、樹林、鳥兒或動物們咿呀學語說話時的熱忱，或米爾德聽到我的呼喚向我走來，或我的狗兒服從我的命令時，我所感到的喜悅。我可以不用解釋就能說出飛越的字句，這實在是一種無法言喻的喜悅。

但是，千萬不要以爲在這短短的時間內，我就眞的能夠說話。我只是學會了語言的單音，而且只有福勒小姐和蘇利文老師能明白我的意思，大多數的人，根本沒法了解我所說的一百個字中的一個。在我學會了這些語音後，倘若沒有蘇利文老師的天才，以及她的不厭不倦的毅力和專心，我不可能如此進步神速地學會自然的言語。最初，我必須日以繼夜的苦練，才能令最親近的朋友了解我的意思，接著，在蘇利文老師不斷地幫助下，才能盡力地使發音清楚，並且能應用各種不同方法把聲音連結起來。一直到現在，她還是每天都提醒糾正我那些發音不正確的字。

只有教導聾啞孩童的老師才能明白這個意義，也只有他們才能完全體會到我必須克服的特殊困難。觀測老師的嘴唇時，我完全依賴手指；我不得不用觸覺去把握喉部的顫動、嘴巴的動作和臉部的表情，然而這種感覺卻常常錯誤。在這種情形下，我只有不停地重複這些字或句子，有時得經過好幾個鐘頭我才感到自己的發音是正確的。我的工作就是練習，不斷地練習。我屢次被氣餒和厭倦所絆倒，但是很快地，我就因爲可以向親人們展示我所學到的東西，自己又不停地練習，我殷切地期待著他們會對我的成就感到愉快。

「妹妹現在可以了解我的意思了。」這個念頭強過任何的障礙。我常常出神地重複這句話：「我不再是啞巴了。」當我期望著和母親談話和從她的嘴唇感覺她回答的喜悅時，我便不會沮喪了。當我發現用嘴巴說話，遠比用手指拼寫容易得多時，眞是驚訝不已，因此我自己說話時便不用手語做爲交談的媒介，但蘇利文老師和一些朋友仍然用這種方法與我說話，因爲這樣會比讓我讀他們的嘴唇快速得多。

我想在這裡解釋一下手語的用處，因爲還有很多人不懂手語。當人們利用聾人使用的單字手語與我談話時，都要用手寫出來。我把手輕輕地放在說話人的手上，以免妨礙了他的動作。其實手的觸覺一樣很容易感覺到。我也跟你們閱讀的時候一樣，並不是逐字去摸的。經常地練習後，手指變得很富於彈性，有些朋友寫得很快，就像打字專家使用打字機時一樣的快捷。還有，光是拼字並不能像寫字一樣，成爲有意識的動作。

當我能夠說話後，就迫不及待想回家。終於，最快樂的時光來臨了。我踏上了歸途，途中我不斷地和蘇利文老師說話，這並非是閒聊，而是希望把握每一分鐘練習說話。不知不覺火車已經抵達圖斯坎比亞站，家人們全部站在月台上。母親緊緊地抱著我，默默無言地細聽我所說出的每一個音節，她快樂得都發抖了。米爾德則是緊握住我的手，又跳又吻。父親則緘默不語，只是在沉默中表達了他以我爲榮的感情。每憶及此刻的情景，我總有情不自禁想流淚的衝動，覺得彷彿以賽亞的預言在我身上實現了：「山嶺將爲你而高唱，大地的樹木也將爲你鼓掌。」

14

快樂拋棄了我？

我的思潮泉湧，寫作時心中快活極了。可是，我做夢都沒想到，這份禮物會為自己帶來這麼多的麻煩和殘酷的折騰。

一八九二年的冬天，一朵烏雲籠罩在我童年的天空。快樂拋棄了我，我在疑慮、焦急、恐懼之中過了很長的日子。書本對我失去了吸引力，直至現在，那段可怕的回憶仍常常令我心寒。

我寫了一篇小故事〈霜王〉，寄給柏金斯啓明學校的阿納諾斯先生，這就是麻煩的根源。爲了澄清此事，我必須把事情的眞相寫出來，以討回蘇利文老師及我個人的公道。

我是在學會講話後的那年秋天，在家中寫下那個故事的。那時我們住在羊齒石場，而且留住的時候比往常都久。住在那兒時，蘇利文老師爲我描述美麗的樹葉，這使我想起一個故事，那是別人唸給我聽的，而且我也下意識地記住了。當時我以爲我正在「創作一個故事」，於是，我很熱切，想在意識未溜走前，把這創作寫好。我的思潮泉湧，寫作時心中快活極了。語句和想像在筆尖跳躍，句子一句又一句，我全寫在點字板上。其實，那些語句和想像得來全不費工夫，因此證明那不是我自己的思想，最多只是被我抱憾棄置的斷簡殘篇。當時的我求知若渴，完全沒在管什麼出處來源，只是讀到什麼就吸收什麼，即便到了現在，我仍然無法很清楚地分辨哪些是我自己的想法，哪些又出自我所閱讀的作品。我猜想，這恐怕是因爲我腦海中的的諸多印象，都是從別人的「所見所聞」間接得知的。

當故事完成時，我唸給蘇利文老師聽，我記得，我一面陶醉於美麗的段落，一面又被那些唸錯還須重唸的字給困擾著。晚餐時，我又唸給家人聽，他們都驚訝我寫得這麼好。還有人問我，是不是書上的。

這個問題，使我大吃一驚，因爲我根本不清楚是否聽別人講過這個故事。我大聲地理直氣壯地回答：「不是的！這是我自己創作的，我要把它送給阿納諾斯先生。」

於是，我重新抄寫一遍，並且依照他們的建議把〈秋天的樹葉〉改名爲〈霜王〉。我又親自到郵局，把這個小故事寄給阿納諾斯先生當作他的生日禮物，感覺自己彷彿漫步在雲端。可是，我做夢都沒想到，這份生日禮物會爲自己帶來這麼多的麻煩和殘酷的折騰。

阿納諾斯先生很欣賞〈霜王〉，把它刊載在柏金斯啓明學校的刊物上。這時，我的快樂到達巔峰，但是很快地，就跌到了痛苦與絕望的深淵。在我到達波士頓不久，有人發現〈霜王〉很像瑪格麗特．康貝爾小姐的作品〈霜仙女〉，它是我出生前就已經刊載在《波迪與他的朋友》這本書裡。兩個故事在構想和詞句上都很像，可見有人唸過康貝爾小姐的故事給我聽，我的作品可以說是抄襲的。這使我難以置信；可是，我明白後，覺得既驚訝又難過。沒有一個小孩像我這樣痛苦過。我感到很羞恥，我為那些我最喜歡的人帶來疑慮。然而，怎麼會有這種事呢？我絞盡腦汁想著，寫〈霜王〉之前，我到底讀過什麼書。我記不得了，只記得有關「傑克．霜」這個人的資料和童詩中〈霜的異想天開〉等，可是我並沒有引用它們。

最初，阿納諾斯先生相信我，雖然他也深受困擾。他對我非常關切和藹，但是，事情還是繼續惡化，為了使他高興，我不帶愁容，盡量表現出一副神情愉快的樣子。

慶祝華盛頓誕辰時，我扮演穀類女神。我還記得，漂亮的衣服穿在我身上，明亮的秋葉圈在我頭上，腳邊、手上都有水果與穀類，台下的化裝舞會在狂歡，可是，我的心情卻是沉重得不得了。

慶祝會的前夕，學校一位老師問我〈霜王〉的問題，我告訴她，蘇利文老師曾說過傑克．霜與他奇妙的工作給我聽。我說的某些話使她以為我是記得康貝爾小姐的〈霜仙女〉故事，雖然我一直強調她會錯意了，可是，她還是在阿納諾斯先生的面前說出了她自以為是的結論。

一向對我殷切照顧的阿納諾斯先生失望極了，他覺得受騙了，對於我無辜的申辯充耳不聞。他相信，蘇利文老師和我故意竊取別人的思想占為己有，以博得他的讚賞。我被帶到一個由老師和地方高級職員所組成的調查委員會面前。他們把蘇利文老師給叫開。我一再受到詢問，那些所謂的仲裁者似乎非要強迫我承認我記得曾聽過〈霜仙女〉這個故事。我感到每一道問題都含有他們心中的疑惑，又感到彷彿是一個摯友正用斥責的眼光注視著我。我的心怦然地跳著，除了單音節外，我幾乎不能成言。雖然我知道這只是個可怕的誤會，可是也無法減輕我內心的苦痛。直到我獲准離去時，我已覺得頭昏目眩，根本沒有心思去留意老師的撫慰和朋友們溫婉的安慰，即使他們都說我是個勇敢的小女孩並且以我爲榮。

那個夜晚我躺在床上，我希望再沒有別的孩子會像我一樣哭泣，我覺得寒冷，我甚至以爲天亮以前自己一定會死掉，此時我才能感到些微的平靜。我想，如果這件事在我稍長後才發生的話，一定會使我精神崩潰，無可救藥，幸好在這段悲苦的日子裡，遺忘天使趕走了我大部分的哀傷和悲痛。

蘇利文老師從來沒有聽過〈霜仙女〉這個故事，或是發表這個故事的那本書。終於，她在貝爾博士的協助下，發現了霍普金斯夫人在一八八八年有一本康貝爾小姐所寫的《波迪與他的朋友》的書，也正是那一年的夏天，我們和她在布勒斯特度暑假。雖然霍普金斯夫人已經無法找出那本書，但她告訴我，那時候因為蘇利文老師度假去了，所以她便找了幾本書來娛悅我，我已經無法記起有沒有讀過〈霜仙女〉，但她肯定《波迪與他的朋友》這一本書是我們讀過的其中一本。霍普金斯夫人解釋說，因為日前她把房子賣掉時扔了許多兒童讀物，《波迪與他的朋友》可能也夾在其中一起賣掉了。

那時候，故事對我沒有什麼意義，但那些稀奇古怪的拼字，對一個缺乏消遣的小孩而言已是足夠娛樂的了。雖然我已記不起一點有關閱讀故事的情形，但我仍記得，當時我曾努力去牢記那些稀奇的生字，想在老師回來時請她為我解釋。可以確定的是，語言在我的腦海裡留下了不可磨滅的印記，但長久以來連我自己都不知道，更遑論他人了。

蘇利文老師回來後，我沒有對她談及〈霜仙女〉這個故事，有可能是她一回來便開始閱讀〈馮康小爵士〉，使我的腦子沒有餘力想及其他事物。但事實說明我確實聽過康貝爾小姐的故事，在我忘掉了很久以後，它卻自然地在我腦海裡出現，使我無法明白這根本就是別人思想的結晶。

當我處在苦惱中，我收到很多人的關愛和同情，我摯愛的朋友們更始終如一地支持我，無一例外。

康貝爾小姐也寄來一封充滿人情的信，她在信中仁慈地寫著：「有一天妳會用自己的頭腦，去寫一個對大家有安慰、有幫助的偉大故事。」但是，這個關愛的預言卻不曾實現，我從此不做文字遊戲了，我很害怕寫的又不是自己的思想。有很長一段時間，每當我提筆寫字，或是寫信給母親，我都會受到突如其來的恐懼所侵襲，我總是把寫下的句子一遍又一遍地讀，害怕是哪些書中的句子。要不是蘇利文老師一直鼓勵我，我恐怕早就放棄將字句寫成文章了。

這事件之後，我讀了〈霜仙女〉，而且還在我所寫的信中引用了康貝爾小姐的某些想法。我在一封一八九一年九月二十九日寫給阿納諾斯先生的信中，發現自己所用的字句和意見，都跟那本書的寫法很神似。當時我正在寫作〈霜王〉這個故事，而那封信也跟我寫的其他很多信一樣，有很多措辭語法都顯示我的想法已經被這個故事滲透了。我假設自己是蘇利文老師，向自己描述秋天金黃色的葉子。「雖然夏天已經消逝，然而它們的美麗卻足以使我們得到安慰。」這正是康貝爾小姐故事中的句子。

把自己喜歡的字句消化吸收，然後當作自己的想法另寫出來，這些常在我早年的信件和初期的創作作品裡出現。在一篇描寫希臘和義大利古城的文章裡，我套用了一些現在已遺忘出處但是生動又變幻多端的描述。我知道阿納諾斯先生愛好古書，又非常欣賞希臘和義大利的美麗辭藻，所以我從所有讀過的書本中，蒐集了一些我認爲能夠令他快樂的詩歌，或是一些有關的歷史資料。阿納諾斯先生曾公開讚揚我的文章——「這些思想的本質充滿了詩意」。但我不明白，他怎會認爲一個又聾又盲的十一歲孩子，能夠創造出這些文辭。不過，我確曾以爲這些思想是出於我自己的創作，我並不認爲我的文章除去了別人的構想時，便會空洞乏味。它表示出我能夠運用清晰生動的文字，來表達我對美麗、詩意意境的欣賞力。

早期的作品只不過是智力的訓練，我和其他年輕人一樣，是經由模仿和吸收去運用文字表達意見。凡是在書本中有我感興趣的，我便會在無形中吸收學習然後再利用文字去表達意見。史蒂文生曾經說過，年輕的作家都會本能地抄襲任何他認爲値得激賞的東西，然後再以一種驚人的變化力量來轉變它。經過多年的習作以後，才能控馭所有壅塞在思想道旁文字的領域。

我至今仍未完成這個過程，因爲我不能辨別那是自己的思想或是從閱讀而來，因爲我所讀過的已成了我心智的要素和結構。結果在我所有的作品中，總有一些像我最初學縫紉時，常常用各種零碎布頭拼湊而成的拼布作品，其中雖然不乏精緻的絲綢和天鵝絨，但總是以粗糙的布頭居多。我寫的文章也是如此，既有自己生澀的見解，又不乏讀過的作家們的眞知灼見。對我而言，寫作的最大難題，就是要用精確的語言去表達混亂的想法、不盡成熟的情感和觀念，也就是我們的內在感受。寫作的複雜程度不亞於拼湊七巧板。我們先在腦中勾勒出希望藉文字來表現的圖樣，但有時字詞無法精確嵌入，又或者選詞正確了，卻跟圖樣設計不搭。儘管如此我們仍持續拼湊尋找，只因有成功的先例在前，我們不願承認自己竟失敗了。

「獨創性乃與生俱來，非後天可以培養。」羅伯特・路易・史蒂文生曾這麼說，我或許不夠有創意，但仍希望有朝一日自己的寫作能夠擺脫虛僞的文詞矯飾。屆時，或許就能彰顯我個人獨有的想法和經驗。與此同時，我仍懷抱希望，堅持不懈地寫下去，盡量不讓〈霜王〉的苦澀記憶阻礙我的努力。

因這段傷心的經驗，使我想起一些文章上的難題。而我唯一抱憾的是，它使我喪失了一位最摯愛的朋友——阿納諾斯先生。

自從〈我的生活〉在《婦女之家》雜誌刊登後，阿納諾斯先生曾在寫給梅西先生的一封信中聲明，他相信我在〈霜王〉事件中是清白的。他提到說，八人調查委員會的成員包括四名盲人和四名明眼人，其中四人認爲我聽過康貝爾小姐所寫的故事，其餘四人則持否定論調。阿納諾斯先生表示，他投了支持我的一票。

無論事態如何發展或阿納諾斯先生票投哪一方，當我走進以前他總會暫時拋開煩憂、將我抱在腿上嬉戲玩耍的辦公室時，我已經察覺到別人懷疑的目光，以及某種不友善的險惡氣氛，而後發生的事件更坐實了這種印象。有兩年時間，阿納諾斯先生似乎都相信我跟蘇利文老師是清白的。但後來他卻明顯改變了立場，個中原因我不得而知，也不知道調查內容的細節。其實我連沒跟我交談的「法庭」成員叫什麼名字都不知道。我激動到無心旁騖，受驚嚇到提不出質疑。事實上，我幾乎記不得自己說了些什麼，或別人對我說過什麼話。

我把「霜王」這件事的始末，源源本本地寫出，因爲它對我的人生和教育都很重要，同時爲了避免誤會，我把所知的事實全部寫出來，絲毫沒有歸咎任何人，或有爲自己辯護的企圖。

15

世界博覽會

我知道唯有自己衝出這種自我封鎖，
否則必定失敗，永遠無法自立自信。

事件發生後的夏天和冬天，我回到阿拉巴馬州的家園和家人一起度過。我很快樂，「霜王」事件已經被我丟諸腦後了。

時值秋季，紅黃落葉灑滿大地，攀爬在花園盡頭棚架的麝香味葡萄，逐漸在陽光下轉為金褐色，我開始寫〈我的生活〉（*The Story of My Life*）大綱，這時離「霜王」事件有一年了。

我對所寫的一切仍然小心翼翼，我時常被那種我所寫的可能不是絕對屬於自己的思想所折磨。只有蘇利文老師才知道我內心的恐懼與不安。一種奇異的敏感，阻止我再提及「霜王」的事。有時在談話中，一種深層的意識閃過我的腦海，我便溫柔地對她說：「我不知道這是否是我自己的。」有時候，我寫了半段，便對自己說：「如果這又是跟很久以前別人寫的一樣，我該怎麼辦？」一種搞怪的恐懼會緊緊箍住我的手，那一天我就寫不下去了。即便到了現在，我仍不時會感受到相同的不安和憂慮。蘇利文老師一直安慰我，並且盡量幫助我，但那恐怖的經歷，在我心中留下了很深的烙印，我現在才明白它的意義。

蘇利文老師希望我能回復往昔的自信，所以鼓勵我替《青年之友》寫一篇〈我的生活〉的短文，這時我十二歲。每當我想起寫這篇短文所經歷的掙扎，就覺得當時自己一定是有了一種覺悟，我知道唯有自己衝出這種自我封鎖，否則必定失敗，永遠無法自立自信。

在蘇利文老師的督促下，我戒慎恐懼卻不失堅定地下筆，她相信只要我能堅持下去，定能再次找到自己的精神支柱，掌握自己的才能。在「霜王」事件發生前，我就像個渾然不覺的小孩那樣過生活，但如今我已變得深思熟慮，也能更深刻地去看待事物了。隨著歷經淬礪的心智變得更加清明，我也更加了解眞實人生後，我逐漸走出了那次經歷的陰影。

一八九三年的大事，便是克利夫蘭總統的就職典禮，我去華府並且參觀尼加拉大瀑布和世界博覽會。這段期間我的學業經常中斷，有時還會長達好幾個星期，因此沒辦法在這方面做很連貫的描述。

我們在一八九三年三月來到尼加拉。當我站在大瀑布前，感覺到震盪的空氣和顫動的大地時，我的感受真是筆墨無法形容。

有很多人感到奇怪，我怎會對尼加拉大瀑布的奇觀與美麗有如此深刻的印象。他們老是問我：「妳又看不見浪濤湧上岸，也聽不到它們的咆哮，它們對妳到底有什麼意義？」其實，它們的意義重大極了。我不能探測或解釋它們的意義，就好像不能解釋或探測愛情、宗教或德行一樣。

這年夏天，蘇利文老師、貝爾博士和我參觀了世界博覽會。所有只是幻想的，都成了美麗的實現。我每天都在想像著環遊世界，然而此時，我從地球的縮影中看到很多奇觀、偉大的發明、工業的寶藏、人類的技術和各樣的活動，全都在指尖的觸摸下，實實在在地漫遊了。

我喜歡參觀「大道樂園」（Midway Plaisance），這裡就像「天方夜譚」的世界，充滿了新奇的事物和趣味。在這裡，擺著溼婆和象神雕像的奇特市集具現了我所讀到的印度；金字塔、清真寺以及長長的駱駝隊列，都微縮在埃及開羅的景觀模型裡。不遠處還有威尼斯的潟湖，我們每晚都在城市和噴泉的燈光照耀下泛舟湖上。我還登上一艘停在小船附近的維京海盜船，我曾在波士頓登上過軍艦，因此很好奇想知道，過去維京船的水手是如何乘風破浪、勇敢無畏地對抗暴風雨，吶喊著「我們是大海之子！」追擊對手。他們自食其力，自給自足，用頭腦和體力去奮戰，並沒有像現今的水手那樣投入愚蠢的機械文明。所以說，人終究只會被人類自身的魅力所吸引。

距離這艘船不遠，有個「聖瑪麗亞號」船的模型，我也仔細地參觀了一番。船長告訴我，那是哥倫布的船艙和書桌，桌上有一個小小的沙漏。這個小小的儀器使我留下最深刻的印象，因爲它使我想到這位英雄似的航海家看著沙粒一滴滴漏下時，一定感覺到很倦怠，而船外的狂風巨浪正等著他，一些陰謀小人也在等著暗算他的生命。

博覽會的主席海京波頓先生特別允許我觸摸那些陳列品。我的心情就像皮沙羅搶奪到祕魯的寶藏，以貪得無饜的好奇心，藉著手指吸收了博覽會的光輝。那是一個眞實的萬花筒——西方的銀色世界，每樣事物都使我著魔，尤其是那些法國銅器，它們個個栩栩如生，使我誤以爲是畫家們看到天使的法相所製成的凡世形象。

在好望角的會場，我了解到很多採鑽石的過程。一有機會，我便去觸摸轉動中的機器，以便更清楚地知道如何秤量鑽石，如何加以分割和磨光。我在淘洗槽中尋找鑽石，找到了一顆——他們說是在美國發現的第一顆鑽石。

貝爾博士一直陪伴著我們，他以令人愉悅的方式，向我們描述最有趣的事物。在電力化的建築物裡，我們參觀了那些自動電話、留聲機及其他發明，貝爾博士使我們了解人們如何利用嘲弄空間和超越時間的一根電線去傳遞消息，就像普羅米修斯一樣從空中取火。我們又參觀了人類學館，最令我感興趣的是墨西哥的遺跡，粗糙的石器用具是當時代留下來的唯一紀錄——這些人類未開化時期的簡陋紀念物注定留存後世（我一邊觸摸一邊這麼想），而古聖先賢們的榮光紀念碑卻已坍塌化爲塵土，或是化爲我不敢碰觸的木乃伊。我從這些遺跡中學到很多人類進展的情況，遠勝過以前所聽到的或讀到的。

所有這些體驗都讓我的詞彙量大幅成長。在這三個星期的參觀中，我有了長足的進步，從小孩子對神話和玩具的興趣，邁進到對眞實的欣賞，對平凡世界的熱愛。

16

求學

沒有什麼比得上以逐漸熟悉的文字，來表達稍縱即逝的印象以及感情更美了。

一八九三年十月以前，我在悠閒的態度下學了很多事物。我讀了有關希臘、羅馬和英國的歷史。我還有一套凸字的法文文法規則，那個時候，我已經懂得一點點法文，所以常在腦海中作些短文自娛，我盡量運用我曾看過的新字，而且不理會文法規則和其他用語。當我發現所有的字母和讀音都在書裡載明時，我甚至想不用任何輔助物去了解法文發音。這實在很難，就好比企圖以微弱的實力去獲得大成就。但那使我在下雨天時，總算有點事做。而我的法文程度也能讓我愉快地閱讀拉封登的《拉封登寓言》、莫里哀的《屈打成醫》和拉辛《阿達莉》的文段。

我也花了不少時間去改進我的說話技術。我向蘇利文老師大聲朗誦，並背誦幾段心愛且熟練的詩句，她會幫助我改正發音、措辭和語尾的變化。直到一八九三年十月我從參觀世界博覽會後的疲倦和興奮恢復過來，才開始在一定的時間裡學習一定的課程。

那時候，蘇利文老師和我住在賓夕法尼亞的赫爾登市，我們專程去探訪威廉・韋德先生一家人。他們的鄰居艾倫士先生是位出色的拉丁文學者，所以，我就在他的門下開始學習拉丁文。我仍然記得他是一位溫和且博學的人。他主要是教我拉丁文，但偶爾也教我算術，可是我總覺得算術既困難又乏味。艾倫士先生和我一起閱讀丁尼生的詩〈悼念〉。我雖然讀過很多書，卻從來也沒有以批評的眼光去讀。第一次，我學習去熟悉作者和他特有的風格，這種感覺就像和老朋友握手一樣，既親切又溫和。

最初，我很不願去學習拉丁文的文法。因爲學文法得浪費時間去分析每個字，比如名詞屬性、所有格、單數、陰性，明明字義都那麼清楚明確了，還得這麼做實在很荒謬。我本來想說只要學些能夠描述我的寵物的拉丁字就好，比如像目、脊椎動物；門，四足動物；綱，哺乳動物；屬，貓屬；種，貓類；個體，虎斑貓。不過當我深入這個科目後，卻變得更感興趣，我領略得出來這種語言的優美，它實在令我覺得很快樂。我常常讀幾段拉丁文自娛，有時候則利用認識的單字造句。直到現在，我仍然沒有放棄享受這種消遣。

我以爲，沒有什麼比得上以逐漸熟悉的文字來表達稍現即逝的印象以及感情更美了。就像讓變化多端的幻想去塑造掠過心靈空洞的觀念，並且爲它塗上多樣的色彩。蘇利文老師會坐在我旁邊一起聽課，在我的手心拼寫出艾倫士先生講課的內容，還會幫我查生字。當我回到阿拉巴馬的家園時，修學的拉丁文剛好用來閱讀凱撒的〈高盧戰爭〉。

17

信心與希望

我有強烈的信心，相信自己終必能跟常人一樣的說話，而且老師們也相信這個願望可以達到；不過，雖然我們努力且充滿信心地苦練，總是不能達到目標。

一八九四年夏天，我參加一個在夏達圭市舉行的美國聾啞語言教育促進協會的會議。在那裡，我被安排進入紐約市的萊特・賀默森聾啞學校。一八九四年十月，我由蘇利文老師陪同前往就讀。我所以特別選定這所學校的原因，是爲了獲得語音和讀脣法的訓練。除了這些科目外，在校的兩年中，我也學算術、自然地理、法文和德文。

我的德文老師李瑪小姐懂得手語。我學得一些字彙後，便時常找機會以德文跟她交談。幾個月後，我差不多能明白她所說的。第一年結束時，我已經可以愉快地閱讀那本有名的《威廉泰爾》。確實，我認爲我的德文進展遠勝其他功課。我覺得法文就比較難。我是跟隨一位法國女士奧莉薇夫人學習法文。她並不懂得手語，只以口頭教導我，我只好讀她的脣語，這眞是一件很困難的工作，所以法文比德文的進展慢得多。雖然如此，我仍沒有足夠的能力像欣賞《威廉泰爾》一樣的欣賞《無心地成爲醫生》這本有趣的喜劇。

我讀脣語和說話上的進步，並沒有老師們和我自己所希望的那般理想。我有強烈的信心，相信自己終必能跟常人一樣的說話，而且老師們也相信這個願望可以達到；不過，雖然我們努力，且充滿信心地苦練，總不能達到目標。我認爲可能是希望太大，因此失望便無可避免。我仍舊把算術當作是一連串有系統的陷阱。我懸在危險的邊緣，往往不是妄下結論，就是全憑猜測，這個毛病加上我的愚鈍，更加深了我的困難。

不過，雖然這些失望常常使我陷入低潮，但我對其他功課卻有無限的興致，特別是自然地理。

學習自然的奧祕是一種樂趣；在生動描述的文字裡，我明白風如何從四面八方吹來，蒸氣怎樣從大地上升，河流如何在岩石裡開鑿出路，高山如何被樹根所盤距，而人類又用什麼方法去克服很多比他更強的力量。我在紐約度過兩年快樂時光，只要回想起當時，我都會感到無比開心。

我特別記得，每天蘇利文老師和我都到中央公園去散步，這個城市只有這部分才和我意氣相投。在這個宏偉的公園裡，我擁有太多的歡樂。每次在公園裡，我最喜歡聽人們對它的描述；因爲它各方面都是那麼宜人，而又變化多端。停留在紐約九個月中的每一天，它都是那麼綽約多姿、令人愉悅。

春天裡，蘇利文老師和我最喜歡到處旅遊。在哈得遜河上泛舟，在布利安特最愛歌頌的碧茵河岸邊徘徊。我尤其喜歡河邊斷崖的純樸、原始和雄偉。我的足跡遍及西點、塔里鎮，以及華盛頓．歐文的故鄉，並且去過他在《睡谷的傳說》中所提到的睡谷。

萊特．賀默森學校的老師們常常計畫給予學生們各種令人津津樂道的學習，例如，利用小孩子潛在能力和隱藏的記憶，引導他們走出命運注定的限制環境。

在我離開紐約之前，這些光明而無憂無慮的日子卻蒙上了陰影，我悲慟的程度不亞於自己父親辭世那個時候。一八九六年二月，波士頓的約翰．彼斯伯丁先生去世了。只有認識他而最敬愛他的人才會了解，他對我的友誼是多麼重要。他以感人而謹愼的眼光看待每一個人，他對蘇利文老師和我最是親切和藹。只要能體會他的慈愛長存、知道他對我們的工作是多麼關切和注意，就算遭遇重重困難，我們都不會氣餒。他的逝世對我而言，是生命中一個無法彌補的空白。

18

入學

進大學這個念頭已經在我心中根深
柢固，而且成了我最熱切的期望。
我決定進入康橋，這是通往哈佛的
捷徑，實現我兒時誓言的通路。

一八九六年的十月，我進入康橋女子中學，以準備進入雷得克利夫學院。

我還是小女孩時，曾參觀過衛斯理學院，當時我曾誇下海口宣稱：「將來我一定要上大學，而且非哈佛大學不可！」朋友們都嚇了一跳。他們問我爲什麼不念衛斯理學院，我竟然回答因爲那裡只有女孩子。進大學這個念頭已經在我心中根深柢固。而且成了我最熱切的期望。我在諸多眞誠又博學的好友們強烈的反對下，跟正常的女孩子們爭學位。在我離開紐約的時候，這個信念已經堅定不搖了，我決定進入康橋就讀，這是通往哈佛的捷徑，實現我兒時誓言的通路。

在康橋時，蘇利文老師和我一起上課，把所有老師教的傳譯給我。

我的授課老師們，對於如何教導殘疾學生當然毫無經驗，因此我只能以讀脣語的方式跟他們做交流。我第一年的學習課程安排了英國史、英國文學、德語、拉丁文、算術、拉丁文寫作和一些短期課程。在此之前，我從未上過任何一門大學先修課程；幸虧蘇利文老師早已好好訓練過我的英文能力，因此我的老師們很快就發現，除了某些大學指定讀物仍需鑽研外，英文這門學科我倒是無須特別輔導了。至於像法文，我一開始學就很順利，倒是拉丁文苦學了六個月，不過我最熟悉的還是德文這一科了。

儘管擁有這些強項，但我的學習過程卻有極大的缺憾。那就是蘇利文老師無法把所有該讀的書本的要點都在我手上寫出來，而要把課本改成凸字版讓我能夠及時使用就更困難了，雖然我在倫敦和費城的朋友們都很願意趕工製作。有一段時期，我必須把拉丁文用點字抄出來，以便和其他的女孩子一起背誦。老師們很快便習慣了我不完整的話語，並且能夠迅速地回答我的問題，及時糾正我的錯誤。由於我不能在班上寫筆記或做習題，因此在家裡時，我用打字機寫答所有的課業、文章，和翻譯。

每天，蘇利文老師和我一起去上課，她以無限的耐心把教師們所講的都寫在我手中。自修時間內，蘇利文老師爲我查生字，幫我把沒有凸字的筆記和課本反覆再讀。這是種難以想像的煩冗工作，德文老師葛洛特小姐和校長吉曼先生是學校裡唯一學過手語來指導我的老師。雖然葛洛特小姐拼字時是多麼地緩慢和不得法，然而她是一片好意，辛辛苦苦地每星期爲我上兩節特別課，把她的指導寫出來，好讓蘇利文老師有喘息的片刻。雖然每個人都這麼仁慈地幫助我，可惜的是，能使辛苦的工作變成快樂的只有一個人。

我在那一年學完了算術，複習了拉丁文文法，並讀完三篇凱撒的《高盧戰記》。在德文方面則借助我自己的手指和蘇利文老師的協助，閱讀了席勒的《鐘之歌》（*Lied von der Glocke*）和《潛水者》、海涅的《哈茨山遊記》（*Harzreise*）、弗萊塔克的《來自腓特烈大帝國》《*Aus dem Staat Friedrichs des Grossen*》、里爾的《美麗的詛咒》（*Fluch Der Schonheit*）、萊辛的《士兵的幸運》（*Minna von Barnhelm*），以及歌德的《我的生平：詩與眞》（*Aus meinem Leben*）。這些德文作品讀來樂趣無窮，尤其是席勒美妙的詩作、他對腓特烈大帝豐功偉業的歷史書寫以及對歌德生平的描述。讀畢《哈茨山遊記》則讓我意猶未盡，書中詼諧妙語連連，並以迷人的筆調描繪藤蔓遍野的丘陵、陽光下波光瀲灩的潺潺溪流，以及源自遙遠神話年代、傳統和傳說流傳的神聖荒野。只有那些視大自然爲「一種情感、熱愛與渴求」的人，才有辦法寫出如此精采的文句。

吉曼先生教了我好幾個月的英國文學。我們一起閱讀了《皆大歡喜》、伯克的講詞〈論與美洲殖民地之妥協〉、麥考利的《山繆．約翰生傳》。吉曼先生對歷史和文學十分博學，在他非常生動的解釋下，我學習得輕鬆愉快，因爲這種效果遠勝過我呆板地背誦和筆記，或是從班上得到的簡要解釋。

在我所讀過的政治書籍中，伯克的講詞最讓我獲益良多。彷彿那個動盪的年代以及與兩個相抗衡國家相關聯的各種人物就在我眼前搬演，讓我心緒激昂。只是我百思不解，面對伯克激昂雄辯的精湛演講，喬治國王及其大臣們怎能對他預見美國勝利與英國受辱的警語充耳不聞？之後我又對這位傑出的國會議員在其所屬黨派與代表民意之間所持立場的關係，有了鬱悶的更深入了解。我好生覺得奇怪，如此寶貴的眞理與智慧種子，竟然會混雜在無知與腐敗的稗子中。

至於麥考利的《山繆．約翰生傳》，讀來則另有一番趣味。我爲這個在寒士街飽受痛苦折磨的孤獨男人感到痛心，即使身心困頓煎熬，他依舊言詞友善，並且對受鄙視的窮苦之人伸出援手。我為他功成名就感到開心，對他的缺失視若無睹，還詫異地發現此二者並未壓垮或損及他的靈魂。儘管麥考利以其生花妙筆將尋常事物刻劃得栩栩如生，但有時他那種積極正面又會讓我覺得厭煩，那種動不動就提倡眞理影響力的論調也讓我心生質疑，跟我聽完《大不列顛的狄摩西尼》（*Demosthenes of Great Britain*）所興起的敬畏之情截然不同。

在康橋裡，我一生中頭一次享受到和我同齡、視聽正常的女孩們的友誼。我和好幾個同學住在鄰近校舍的租屋裡，過去豪威爾先生曾住在這裡，我們在此過著家庭式的生活。我參加她們的各種遊戲，甚至是捉迷藏，或是雪中嬉戲。我們時常攜手散步，互相討論功課，甚至高聲朗誦美妙的作品。有些女孩子也學會和我溝通，如此一來，蘇利文小姐便省卻了一道翻譯的工作。

耶誕節到了，我的母親帶著小妹妹米爾德前來與我共度假期，吉曼先生也很仁慈地讓米爾德進入康橋讀書，因此，她就和我一起留在康橋，那六個月裡我們幾乎形影不離。學習時我們互相幫忙，玩耍時一起同樂，回想起來那眞是一段非常快樂的時光。

一八九七年六月二十九日至七月三日，我參加了雷得克利夫學院的入學考試。應考的科目有初級和高級德文、法文、拉丁文、英文和希臘文，以及羅馬史，我總共花了九個小時考完。我不但每科都合格通過，而且，德文和英文還得到了「榮譽生」獎。

請容我在此對應考方式做個說明，才不致引起誤會。考試總時數爲十六小時，初級測試占十二小時，高級測試占四小時。考生至少得花上五個小時才考得完。早上九點考卷在哈佛啓封，再派專人送到雷得克利夫學院。每位考生都以編號代替姓名應試。我的編號是233號，但由於我得使用盲文打字機作答，因此身分無從隱藏。

考量到打字機的敲打聲可能會吵到其他女學生，校方認爲我最好在某個房間裡單獨應試。所有試卷都由吉曼先生以手語拼寫法爲我讀出來。校方還派了一個人守著門口，確保我們不受打擾。

我第一天先考德文。坐我旁邊的吉曼先生先把整張試卷唸過一遍，接著再逐句唸出來，我也跟著大聲複誦，確保自己沒理解錯誤。考題有點難度，所以我用打字機作答時覺得很緊張。吉曼先生將我打出的答案拼讀出來，若我覺得需要做修改，他就在原答案裡插入修改的部分。我想說的是，在此之前我參加任何考試都沒受過這等待遇。在雷得克利夫學院，沒有人會爲我讀考卷，我也沒機會修改錯誤的答案，除非我提早寫完考卷。那樣的話，我就得利用僅剩的幾分鐘修改自己還記得的錯誤處，再把這些更正內容註記在考卷的最下方。如果說我的初試成績考得比複試好，那麼原因應該有兩個：一個就是複試的時候沒人替我讀考卷，以及某些初試的科目是我還沒上康橋學校前就相當熟悉的；此外我在那一年的年初就通過了英文、歷史、法文和德文的考試，試題則是吉曼先生從哈佛考古題挑選出來的。

最後吉曼先生會把我的答案卷交給主考官，並附上一張證明單註明：我，第233號考生，確實完成了所有試題。

其他所有的初試考試都依此方式進行。不過萬事總是起頭難。我還記得考拉丁文那天，席林教授走進來告訴我說，我順利通過德文考試了。我大受激勵，自此才放鬆心情一路闖關考到最後。

19

衝破逆境

如果這是無意中在我的路上放置的障礙物， 那麼我實在可以感到欣慰，因為我終於克服了重重困境。

我在吉曼先生的學校上到第二年時，便對成功滿是希望和決心；但是，在最初幾個星期裡，我仍然要面對許多不可預測的困難。吉曼先生同意我主修數學，此外我還必須完成天文學、希臘文、拉丁文等科目。困難的問題是，我所需要的部分書籍都來不及印成凸字使我趕上課程，我也缺乏一些科目所需的儀器。加上我就讀的這一班人數衆多，老師無法給我特別的指導，蘇利文老師只好把所有的書讀給我聽，並爲我翻譯老師說的話。十一年來，這可能是第一次她那可愛的手有些無法勝任。

本來，我必須在課堂上做代數、幾何，解決物理的題目，但我都不能做到，直到我們買了一架點字機，可以利用點字機記下我的作業步驟和過程。我跟不上寫在黑板上的幾何圖解，唯一能清楚了解它們的方法，是利用兩端尖尖的鐵絲，在墊子上，做成直線和曲線。我必須牢記凱茲先生在講義中所講的構圖文字、假設和結論，以及結構和證明的過程。總之，每一門課業都有障礙。有時候我失掉勇氣，就會用一種現在想起來都覺得內疚的方法來欺騙自己；尤其當我煩惱透頂時，我甚至會和唯一有能力使彎變直、化崎嶇爲坦途的好老師、知心的朋友——蘇利文小姐作對。

漸漸地，我的困難消失了。凸字書籍和其他所需的儀器都陸續到達，我又重新充滿信心地投入學習。代數和幾何是唯一需要努力去了解的功課，正如以前說的，我對數學沒有悟性，各個不同的要點又不能如願地得到滿意的解釋。我對幾何圖更是頭痛，因爲甚至在墊子上，我也分不清楚各部分的相互關係。一直到凱茲先生教我時，我才對數學稍感興趣。

誰知道，正當我可以開始克服這些困難時，發生了一件改變了一切的大事。

我的書本尚未運到，吉曼先生已開始告訴蘇利文老師我用功過度，我極力抗議無效，他還是減少了要我背誦的東西。起初，我們同意在必要時，我要以五年的時間來準備進大學。但第一年結束時，我的考試成績使蘇利文老師、哈巴芙小姐（吉曼先生的班主任）和另一位老師都認爲，我可以在兩年後完成準備工夫。最初，吉曼先生同意這點；但是，我的課業進展得不太順利時，他又堅持我必須留校三年。我不喜歡他的計畫，因爲我希望能夠和其他同學一起進大學。

十一月十七日那天我有點不舒服，所以沒有上學。雖然蘇利文老師向吉曼先生解釋，我只是小小的毛病，沒什麼大礙，但吉曼先生一聽之下，逕自宣布我的健康已經崩潰，而把我的進修計畫全面修改，我不能和同學們一起參加期終考試。結果蘇利文老師和吉曼先生的意見相左，母親決定讓我和米爾德一起從康橋女中退學。

經過了這段延擱，最後，母親爲我安排跟康橋的凱茲先生學習，以繼續我的學業。這年冬天的其餘時間，我和蘇利文小姐就跟我們的友人錢伯林家一起度過，他們住在波士頓二十五英里外的倫瑟姆（Wrentham）。

一八九八年十月，我們回到了波士頓，展開爲期八個月的學習，凱茲先生每週替我上五次課，每次約一個小時。上課時他會先爲我對上一堂課的疑難解惑，然後才指定新功課，並且把我在週間用打字機寫好的希臘文作業帶回去，仔細批改後才還給我。

我的大學準備之路就這樣持續進行著。比起在學校上課，我發現自學更加有趣，容易吸收。不用著急慌張，也不會老是困惑不解。家庭教師有充裕的時間替我解惑，因此我的學習效果比上學時更快更好。不過數學仍然是我所學當中覺得最棘手的科目。要是代數跟幾何有語文和文學的一半簡單就好了。即便如此，凱茲先生仍然把數學變得有趣了，他會把問題簡化到讓我能夠理解。他讓我的思維變得敏捷、求知若渴，訓練我去清晰思考，冷靜理性地尋求結論，而非漫無章法地胡亂想，一無所成。無論我有多駑鈍，凱茲先生總是對我寬容溫柔，一心相信我辦得到，即使我的愚蠢可能會連約伯也忍受不了。

一八九九年六月二十九日和三十日兩天，我參加雷得克利夫學院的最後考試。第一天是考初級希臘文和高級拉丁文，第二天是幾何代數和高級希臘文。

校方不允許蘇利文小姐爲我讀考卷，因此雇請了柏金斯啓明學校的教師，尤金・C・文尼先生來爲我將考題轉譯成美式盲文點字。除了寫盲文外，文尼先生一概不跟我交談，感覺很陌生。監考人也是個完全不想跟我有交流的陌生人。

點字運用在語言方面效用很好，但一碰到幾何和代數時，困難便產生了。我痛苦極了，尤其考代數時，浪費了太多的寶貴時間。雖然我確實熟悉這個國家用在數學上的點字，有英國式、美國式和紐約式三種，但幾何學和代數的各式符號標記，在這三種點字系統裡卻截然不同，而我只用過英國式點字演算代數。

考試前兩天，柏金斯啓明學校的講師——文尼先生寄了一份點字的代數試卷給我，由於是舊式的，又使用美國式符號，我眞是嚇呆了。我馬上寫信給文尼先生，請他代爲解釋那些符號。很快地，我接到了另一張試卷和一張符號表格，於是我開始學習這些標記。當時正是要考代數的前一天晚上，我卻還在爲一些複雜的例題痛苦掙扎；我根本分辨不出括弧、大括弧和根號的組合。凱茲先生和我都感到萬分苦惱，對考試充滿了恐懼。考試當天，我們提早趕到學校，請文尼先生再次爲我詳細地解釋這種美國式符號。

我在幾何考試所遇到的最大困難，就是我一向都按行列點字去讀命題，或是在手上把命題拼寫出來；可是不知怎的，儘管命題就在我面前，我還是被點字弄得暈頭轉向，無法清晰理解我所讀到的東西。考代數的時候我就更頭痛了。本以爲前一晚剛學會、已經弄懂的符號，反而讓我更混亂了，而且我還看不到自己打字的內容。平常我都是用點字或心算來完成作業的，而凱茲先生對於我運用心算去解決難題的能力估算得太高，他也沒有訓練我答題的技巧。結果，應考時的心情太過於緊張，使得我的回答情況慢得令人氣惱，我只能再三閱讀試題範例，直到獲得所需的概念。事實上即便現在，我也無法肯定當時有沒有認錯那些符號，因爲我幾乎無法讓自己鎮靜下來，我簡直快崩潰了。

情形雖然這般糟糕，但我沒有怪罪任何人。因爲，雷得克利夫學院的教務部門不會體會到，他們在考試時對我的要求是多麼地困難。但是，如果這是他們無意中在我的路上放置的障礙物，那麼我實在可以感到欣慰，因爲我終於克服了重重困境。

20

進入渴望的大學

我艱苦地拖著沉重的步子往前走，每得到一點進步，便受到一份鼓舞。 我的心情愈來愈熱切，愈爬愈高，我漸漸看見了廣大的地平線。每次奮鬥便是一次勝利。

進大學的奮鬥結束了，我隨時都可以進雷得克利夫大學。然而，在進大學之前，家人和朋友一致認爲，在凱茲先生那兒多念一年比較好。因此，直到一九〇〇年的秋天，我進大學的夢想才實現。

我記得進雷得克利夫大學的第一天，我興奮極了，我已期待了好幾年。內心深處的那股力量強烈到凌駕朋友的勸說，甚至超越了我內心的祈願，驅策我盡全力向耳聰目明的正常人看齊。明知道會有許多障礙，但我期望能克服。我把一句羅馬座右銘牢記於心：「被驅逐出羅馬，只不過是生活於羅馬之外而已。」被知識的大道排除，我的旅途只好走在那生疏的小路來橫越曠野，如此罷了。但我知道在大學裡，有著跟我一樣好思考、博愛且努力求知的女孩們，而我將和她們攜手走在這許多的小路上。

我熱切地開始學習。在我面前的，是一個門戶大開的美麗、明亮的新世界，我明白我能求知一切。在心靈的領域中，我應該像別人一樣自由，它的人民、風景、習俗、歡樂、悲劇都應該生存，反映在現實的世界裡。演說堂裡充滿偉大、智慧的精神，教授便是智者的化身。

不久，我發現大學並不是我想像中浪漫的演說廳，許多青澀年少時的愉快夢想逐漸失色，「消溶於黯淡流光，平凡日月」。我慢慢發現，上大學有許多壞處。

其中之一，就是我深深感覺時間不夠用。以前我常常花時間思考、做自我省思。我們會挑某個夜晚坐在一起，聆聽內在心靈的旋律，當你有閒暇被鍾愛的詩詞觸動靈魂深處的甜美心弦時，才得以聽見那些旋律。在大學裡沒有時間可以思想溝通，上大學似乎只爲學習，而不思考。進入大學之門後，便離開了切身的樂趣——獨居、書本、幻想，還有聆聽正在低語的松樹。或許，我該儲存快樂的思想以求安慰，但是我卻不顧未來，只求歡笑目的，不願未雨綢繆。

我第一年的功課有法文、德文、歷史、英文作文、英國文學。在法文方面，我欣賞了莫里哀、柯維爾、拉辛、莫塞特和貝浮等名家的作品；德文方面，則研讀了歌德和席勒的作品。我又把羅馬帝國從衰落到十八世紀的歷史，以很快的速度再閱讀一遍。而英國文學方面，我以批評的眼光詳讀了米爾頓的詩和《出版自由論》。

我也常懷疑，進大學念書時，我是如何克服特殊情況的。在教室時，我單獨一個人，教授好像那麼地遙不可及。上課時，蘇利文老師盡可能把教授所講的話拼寫在我手中。演講時的許多精采部分我漏掉了，因爲我只能注意蘇利文老師在我手上快速拼寫的東西。衆多字語從我手心匆匆溜逝，宛如獵犬經常追丟的野兔。不過就這點來說，我並不覺得自己比做筆記的女孩們遜色。若是把心思全放在聽講和忙亂抄寫的呆板過程上，我認爲反而無法多加留意到值得關注的主題或是其表現方式。聽課時，我不能做筆記，因爲我的手忙著聽。通常在回家後，我才從記憶中摘要下來。我寫練習、每日論文、做評論、鐘點測驗、段考和期末考，並且用打字機打完這些作業，教授們應該很輕易就能發現我的才疏學淺。當開始學拉丁文韻律時，我自己設計了一套符號，並向教授們解說不同的韻律和數量。

我使用哈德蒙打字機，因爲它最能適用我做功課的特殊需要。機器的活動字板可加以應用，一部打字機有好幾個活字板，每一個字都有一組不同的字母——希臘文、法文，或是數學的，按照每個人希望在打字機上所打的字的種類而定。如果沒有它，我還眞是完成不了大學的學業。

各科目所需要的書很少有專門爲盲人而印的，我只好請別人在我手中拼寫，於是我準備功課比別人費時。這種用手的功夫很費周章，我因此遭遇到其他人不會面臨的混亂事態。有一段時間我爲了自己得密切關注細節而惱火，又想到自己花好幾個小時才能讀完幾個篇章的時候，其他女孩卻能夠開心唱跳揮灑青春，不免心生反感抗拒。不過我很快就恢復了平常心，對自己那種不滿情緒感到好笑。只是，要獲得眞實的學問，必須自己去翻越困難和崎嶇，因爲沒有捷徑可達頂峰，所以我按自己的方法曲折前進。經歷無數次的倒退不前，跌倒了又站起來，我仍勇往直前克服種種潛藏的障礙，就算受挫發脾氣，事後也能調整心情平復情緒，讓自己的情緒管理更進步。我艱苦地拖著沉重的步子往前走，每得到一點進步，便受到一分鼓舞。我的心情愈來愈熱切，愈爬愈高，我漸漸看見了廣大的地平線。每次奮鬥便是一次勝利。再接再厲，我便到達光輝的雲層，蔚藍的天空——我願望的領域。在奮鬥中我並非永遠孤獨。威廉・韋德先生和賓夕法尼亞盲人學院的院長亞倫先生都盡量提供我所需要的浮凸印刷書籍。他們的關懷幫助，給了我莫大的激勵。

在雷得克利夫的第二年，我學了英文作文、聖經、英國文學、美洲與歐洲的政府制度、賀瑞斯的抒情詩和拉丁文的喜劇。生動的作文課最是有趣，講課永遠是活潑詼諧；因爲講師查爾斯・科普蘭先生的資料都是最新、最權威的。他可以在短短一個小時內，讓滿室的人吸收古代傑作的美感；讓人沉浸於傑出的思想，還能夠由衷享受《舊約》的欣喜震撼，甚至忘了耶和華與衆神明的存在。聽完回家時，會有種自己已經「窺見精神與形體和諧永存的完美典範；眞與美歷久彌新」的心情。

這一年我很快樂，那是因爲所念的科目特別有趣。有喬治・凱里基教授所教的經濟學、伊莉莎白時代的文學、莎士比亞的作品，和羅斯教授所主講的哲學。透過哲學，一個人可與不久前還覺得莫名陌生的古人思想產生共鳴。

可是，大學並不是我原先想像的萬能雅典。在那兒，我沒能遇見偉人和智者，甚至不能感覺到他們的存在。儘管他們確實存在，但卻似乎變得乾枯麻木了。所以，我只能從學問的裂縫之牆一一吸取、解剖、分析它們，而不只是模仿而已。在我看來，許多學者都忘了，欣賞偉大文學作品的樂趣在於我們是否深有同感，而非對作品的理解有多深。問題出在人們幾乎不會記得這些辛勤費工的注釋說明，就像瓜熟蒂落一樣，腦袋也會自然棄它們不顧。也就是說，即便了解了花朵、根莖等部位及其種種生長歷程，仍有可能不識沾染雨露的花朵清新之美。我不耐地反覆自問：「爲什麼我要爲那些解說和假設操煩？」這些思緒在我腦中飛來飛去，宛如徒勞振翅的盲鳥。我無意否定要對我們所讀的名作有通盤了解，我所反對的只是冗長的評論和令人混亂的批評，它們唯一的教誨就是：有多少人就有多少意見。但是當凱里基教授這樣的偉大學者詮釋起大師傑作時，則宛如「賦予了盲人新視覺」。他帶領了我們重新認識到莎士比亞的詩人地位。

有好多次我想將學習的東西除去一半，因爲有許多內容只讓人白費力氣，只讓心靈超載，而得不到樂趣。想要在一天內讀四、五本不同文字科目的書，而不會失去重點，根本不可能。當一個人匆忙緊張地讀書，心裡又想著做測驗時，他的腦子只是美好知識的堆砌罷了。目前，我的心就是充滿雜亂無章的東西，甚至沒指望能理出頭緒。每當我踏入自己的心智領域，就自覺像個冒冒失失的闖禍精。爲數衆多的零碎知識像冰雹般在我腦中嘈雜傾軋，我試著加以逃離，但各式各樣的傳說小妖怪和校園水妖卻窮追不捨，直到我巴不得——還請見諒我這個邪惡的願望！——能砸爛那些我前來朝拜的偶像。

可是，考試才是大學生活裡最恐怖的事。雖然我已經通過了許多次，它們也像塵土般過去了，可是它們常一而再地爬起來，以蒼白的臉孔來恐嚇我，直到我覺得自己像鮑伯・亞克雷斯（Bob Acres）那樣「勇氣總是在手指末端滲出」。而在這些考驗降臨前幾天，神祕的公式和難以消化的年代等難吃食物則持續填鴨腦子，直到你只想跟書本和科學同歸於盡，一起葬身大海深處。

最後，可怕的時刻來臨，如果已經準備好了，你便是個幸運人，並能適時地喚起你的標準答案，獲得優異的成績。但，往往它們對你大聲的叫喊置之不理。正當你需要記憶和良好的判斷時，它們卻背叛似的逃之夭夭，令人煩惱生氣。

「請就胡司（Huss）及其成就做簡短概述。」胡司是何許人？他做了些什麼？這名字看起來好眼熟。於是你開始澈底搜索記憶中有限的歷史事件，宛如在一整袋破布中搜尋一小片絲綢。你確信它應該就在記憶淺層的某處，因爲你曾在查閱「宗教改革運動」的起源時見過。但它現在身在何方？於是你盡力掏出所有零散的知識——宗教革命、教會分裂、大屠殺、政府體制，唯獨不見胡司的蹤影。你很詫異地發現，自己所知的內容竟然不是解答試題所需。逼不得已，你只能掌握現有的知識全數傾倒出來，終於在一隅發現你在找的人，他平靜地耽於自己的思緒，對於他所帶給你的大災難渾然不覺。

就在此時，監考官宣告考試時間結束。你厭惡至極地把那一堆廢物踢到角落，打道回府去，腦海裡充斥著顛覆性的計謀，妄想廢除教授們無視被問者同意而提問的神聖特權。

我在本章最後兩、三頁裡所用的一些形象化比喻，很可能會反過來嘲笑我。果不其然，那些混合的隱喻就在我面前現身，趾高氣揚地挖苦嘲諷，指著被冰雹和白臉怪物襲擊的冒失鬼說，這是未經鑑識的物種！就任由它們嘲弄去吧。對於那些精確描繪我親身經歷思想衝撞翻騰的文字，這次我要視而不見，並且慎重其事地說，我對大學的看法已經改觀。

我在雷得克利夫大學的將來，仍是圍繞著令人遐思的光圈；可是，從遐思變為尋常之間，我學會了很多事，假如我沒有做這些實驗，我是不可能懂的。其中之一是忍耐科學，它教我們，把接受教育看作是在原野上悠閒散步，思想應該寬闊開放。像這樣的知識會在無形之中，以深刻的思想潮汐默默浸潤靈魂。

「知識就是力量」，知識尤其是快樂，因爲有了廣博的知識就能分辨是非，分辨貴賤。認識促使人類進步的思想與行爲，也就是感覺那經歷了好幾世紀謙虛的心臟悸動。假如一個人不能感覺到震動天地的脈動，他才是耳聾，無感於生命的協調。

21

甜蜜的烏托邦

我遺忘了肉身的限制，我只覺得浩瀚的長空已經完全屬於我了。

至此，我已把一生的事情簡略地描述出來，但我還沒有說明我依賴書的程度，書籍不僅爲讀者帶來樂趣和智慧，還讓人們透過聽和看獲取知識。事實上，書籍對於我的教育遠比他人重要得多，所以我必須從開始讀書的時候說起。

我在一八八七年五月讀第一本連貫的故事書，那時是七歲，從那時到現在，我藉著好奇又渴望的指尖，盡一切所能，從每一張印行的書裡，貪婪地呑下一切事物。我曾經提過，我所受的早期教育並非規律學習，也沒有遵循什麼準則來閱讀。

起初，我只有幾本凸字書籍——《初學讀本》、一本兒童故事集，和一本叫《天涯若比鄰》的有關地球的書本。我想大概就這些了，所以我讀了又讀，直到那些字磨損得太厲害，以至於很難認得出來。有時候，蘇利文老師替我讀，把她認爲我比較容易明白的故事或詩歌寫在我手中；但大半時候，我喜歡自己閱讀甚於聽別人讀，所以我把我喜歡的、可以使我快樂的東西再三再四地重讀。

我是在第一次的波士頓之行時，才眞正很熱切地讀書。在柏金斯啓明學校裡，他們每天讓我在圖書館裡耽擱一段時間，於是我就在書架上摸索，把手指所能碰到的書拿下來。不管書中的文字我了解多少，或是我能否看得懂，我都照讀不誤。我沉迷於字的形體中，根本不明白自己所讀的是什麼。不過，當時我一定對這些新字詞印象很深，所以在我開始講話和寫字時，這些字和句子便很自然地在我腦中一一出現，因此朋友們都很訝異，我怎麼會有這麼豐富的字彙。我一定讀過很多書的一部分，在渾然不解中學了很多時間；一直到我發現了《小公子》，那才是我第一本閱讀而且完全了解的書。

大約在我八歲的某一天，蘇利文老師發現我在圖書館的一角翻閱《紅字》（*The Scarlet Letter*）的書頁。我記得她問我喜歡小珠兒嗎，還跟我解釋了幾個難懂的字。然後她跟我說，她知道有個描述小男孩的精采故事，一定會比《紅字》更讓我喜歡。書名叫做《小公子》，她答應明年夏天要爲我讀那本書。不過直到八月我們都還沒開始讀，待在海濱的最初幾個星期裡，各種新發現讓我興奮得壓根兒忘了這本書的存在。當時蘇利文老師去造訪波士頓的朋友，暫時跟我分開了一段時間。

等到老師回來後，我們最先做的就是開始閱讀《小公子》。我清楚記得自己是在哪個時間、地點，讀到那個迷人兒童故事的第一章。那是在八月的一個溫暖下午，蘇利文老師和我坐在高大松樹間的吊床上。吃過午飯後，我們趕緊洗完碗盤，因爲想盡可能利用整個下午的時間來讀這本書。我們匆匆穿過長草叢奔向吊床時，驚動了許多蚱蜢紛紛跳到我們身上，我還記得蘇利文老師堅持要把牠們挑掉才能坐下來看書，我卻覺得那是浪費時間的無謂之舉。蘇利文老師不在時，吊床從沒有用過，這個吊床上堆積了許多松針。溫暖的陽光照著，空氣中到處是松香的氣息，並混雜著一股海洋氣息。故事開始前，蘇利文老師解釋我不懂的事物，開始閱讀時，她又得解釋不熟悉的字。起初，我有很多生字，故事常停頓下來；不久，我了解故事的情節後，熱切地想全部又快速地吸收故事，不太注意單字，對蘇利文老師認爲需要的解釋也聽得不耐煩了。當她的手指因爲太累而拼寫不出字時，我第一次對自己的缺陷產生強烈的意識。我把書拿著，渴望可以自己閱讀下去。

由於我熱切的需要，阿納諾斯先生才把這個故事印成凸字，我反覆地讀，幾乎可以背下來；在《小公子》的溫馨陪伴下，我度過了整個童年時光。明知詳述這些瑣事可能惹人厭煩，但是相對於更早期那些個模糊、善變且混亂的閱讀經歷，這些記憶反而更加鮮明生動。

從《小公子》這本書開始，我對書本眞正發生興趣。以後兩年，我在家讀了好多書，也在波士頓之行中讀了好多書。我已忘了那些書的書序和書本的名字了，我只記得其中有：《希臘英雄傳》、《拉封登寓言》、霍桑的《古史鈞奇錄》以及《聖經故事》、蘭姆的《莎士比亞戲劇故事集》、狄更生的《英格蘭小孩的故事》、《天方夜譚》、《海角一樂園》、《天路歷程》、《魯賓遜漂流記》、《小婦人》、《海蒂》。《海蒂》是篇美麗的小故事，我還讀了它的德文版。在學習與玩樂之餘，我興味盎然地享受著閱讀的樂趣。我並不研究分析那些作品，也不了解它們寫得好不好，更不曾想過寫作風格或作者身分這類事。這些瑰寶就堆放在我面前，我也很自然地視它們如陽光和友人的關愛，欣然接受。我也喜愛《小婦人》，因爲它讓我感覺和那些耳目正常的小孩一樣。我的生命既有缺憾，我只好從書本中尋找身外的世界消息。

我不喜歡那本沒有讀完的《天路歷程》和《拉封登寓言》。最先我是讀《拉封登寓言》的英文翻譯本，當時也只是大略讀過。稍後我又再次讀它，雖然由英文版本改爲法文文本，但是，縱使它有生動的文字描寫和精闢的語句，仍得不著我的歡心。我不明白何以會如此，但擬人化的動物永遠不會引起我特別的興趣。大概是滑稽的動物漫畫已經占據我的思想，使我無暇想及它們的寓意。

接著來談談拉封登吧，他的作品鮮少訴諸高道德觀，而是深深觸及人的理性和自私面。綜觀所有寓言大抵不脫這樣的觀點——亦即人類道德觀完全出於自私的本性，只有靠理性引導並約束自私，才能獲致幸福。就如今的我看來，自私是萬惡的根源，當然我這看法也可能有誤，畢竟拉封登比我更加閱人無數，觀察入微。至於在諷刺意味濃厚的寓言故事中，透過猴子、狐狸之口教誨至理名言，我其實並不討厭。

不過我喜歡《森林之子》和《我所認識的野獸》。我對動物本身有眞正的興趣，因爲牠們是眞正的動物，並不是人們筆下的漫畫。人們會同情牠們的喜怒，爲牠們的喜劇而開懷大笑，爲牠們的悲劇而心傷難過。即便這些作品表達了某種道德觀，也都太過微妙以致我們渾然不覺。

我欣然擁抱遠古思想，對希臘和古希臘文化不可思議地著迷。我幻想著異教神祇至今仍遊走於世間，與人們面對面交談；並且偷偷在心底爲我最喜愛的神祇們建立聖殿。我也熟知並喜愛所有的山林仙女、英雄人物和半神——等等，或許不能說是全部，因爲我就不喜歡金羊毛故事裡的美狄亞（Medea）和傑森（Jason），無法原諒那種極度的殘酷和貪婪。我總覺得納悶，衆神爲什麼要縱容他們多行不義之後，才懲罰其惡行。至今這仍是個未解之謎。所以我常常不解——

神竟然能保持緘默
坐視惡行竊笑地悄悄爬過祂的時光殿堂

《伊里亞德》這本書使希臘成為我的夢想樂園。在我讀原作前，對特洛伊的故事已很熟悉，因此，通過文法界線後，對希臘文的寶藏便一覽無遺。偉大的詩，不管是用希臘文或英文寫出，只要有細膩的、敏感的心，是不需要別人翻譯的。然而卻有一些人把這些偉大傑作弄得令人生厭，他們自作主張進行分析、強詞奪理並大費周章地做注釋，這些人眞該好好認知這個單純事實！要欣賞並理解優秀的詩作，並不需要具備精確解釋每個字，或是它在句子裡的詞態變化和文法位置的能力。我也知道那些博學的教授們，比我更能深究《伊里亞德》的豐富內涵。我並非貪婪之徒，很能接受世上有人比我更聰明這件事。不過就算他們知識淵博，也無從衡量自那部輝煌史詩所獲得的樂趣，我也一樣。尤其當我讀到《伊里亞德》最精采的段落時，我可以察覺到在心靈深處的感受，正從狹窄、幽禁的生命中提升。我遺忘了肉身的限制，我只覺得浩瀚的長空已經完全屬於我了。

我對《艾尼亞斯記》（*Aeneid*）雖然沒有那麼推崇備至，但它仍不失爲眞實之作。閱讀時我盡量不借助字典或注釋，還常常把自己特別喜愛的章節翻譯出來。維吉爾的生動描述有時的確精采，不過他筆下的衆神與人類總是穿梭於激情、衝突、憐憫和愛情等場景，宛如戴著伊莉莎白時代舞會面具的名紳仕女。而《伊里亞德》中的人物卻大肆活躍，笙歌鼎沸。維吉爾的文風宛如月光下的大理石阿波羅雕像，散發著靜謐的魅力；而荷馬則有如髮絲迎風飄揚、英姿煥發的陽光青年。

乘著書頁的翅膀翱翔眞是愜意啊！不過從《希臘英雄傳》到《伊里亞德》並非一蹴可及，也絕非只有開心而已。當我在文法和字典的迷宮中辛苦跋涉，或是墜入校方所設、害好學學生混亂、名爲考試的可怕陷阱時，別人早已周遊世界許多次了。儘管覺得這種天路歷程式的試煉終究情有可原；但是就算偶爾會在天路轉彎處遇到驚喜，我還是覺得這條路好像永無止境啊。

在我還不很了解聖經之前，我已開始讀聖經了。現在想起來也覺得奇怪，曾有一段時期，我的心靈沒有接受它奇妙的和諧。我記得在一個下雨的星期天早上，我無所事事，於是要求表姊爲我讀一個聖經故事。雖然她認爲我不會聽懂，她仍然把約瑟和他的兄弟的故事寫在我的掌中。不知怎麼的，它引不起我的興趣。不尋常的語言和複述，使故事看來很虛假，更何況迦南又是在那麼遙遠的地方，沒等故事進行到那些兄弟帶著彩衣準備到雅各的營帳說出邪惡謊言時，我就打起瞌睡，開始「點頭」漫遊了。我也不明白自己爲什麼非常迷希臘神話，卻對聖經故事興趣缺缺，該不會是我在波士頓認識了幾個希臘人，被他們對自己國家文化的熱愛所影響吧。倒是我從沒遇過任何希伯來人或埃及人，因此無法遽下斷言，說他們只是些野蠻人或說他們的故事都是編造的，用這類假設來解釋那種複述和古怪名稱。說來也奇妙，我就不曾說過那些希臘姓名「古怪」。

我怎樣講述那時在聖經裡發現的光輝呢？多年來，我讀聖經時，心中的喜樂和靈感日漸增長；那是我所愛的獨一無二的書。不過我對聖經並非完全滿意，甚至有點後悔自己迫於必要性而從頭到尾讀完它。我並不認爲從它的史實和資料方面得到的知識，可以彌補我被迫要留心細節的不快。就我個人來說，還眞希望能同豪威爾先生一起，肅清古代文學中所有醜惡殘暴的內容，儘管我應該跟一般人一樣，反對竄改歪曲這些偉大著作的。

而質樸且直白的《以斯帖記》（*Esther*）則令人生畏又印象深刻。以斯帖直接面對惡劣君王的場面十足激動人心，明知對方掌握著自己的生死，沒有人可以保護她免受君王的震怒降罪。但以斯帖還是克服了女性自身的恐懼，在高貴的愛國情操驅使下走近君王，心中只有一個念頭：「我若一死，只死我一人；我若倖活，全族都將活命。」

《路得記》（*Ruth*）也是類似的故事，而且極富東方異國情調！但這些純樸鄉下人的生活卻跟波斯首都的城市人大相逕庭！當善良又忠誠的路得跟收割者們一起站在波浪起伏的麥田時，無論誰都會喜歡上她。她那美麗無私的精神，宛如殘酷時代黑夜中閃耀光芒的明星。像路得這樣世間難得一見的大愛，肯定能超越相互牴觸的教義和根深柢固的種族偏見。

但是，聖經給我至深且遠的安慰感覺，那就是「有形的東西是短暫的，無形的才能永恆不朽」。

從我喜愛讀書開始，便一直喜歡莎士比亞。我已不能確定何時開始讀蘭姆的《莎士比亞戲劇故事集》，但我記得最初是以孩童的理解與好奇心去讀的。印象最深刻的好像是《馬克白》。光讀那麼一次，就足以將所有故事細節永遠牢記在腦海中。有滿長一段時間，鬼魂和女巫甚至追到我的夢境來。我還看見，是眞眞確確看見，匕首和馬克白夫人蒼白的小手——可怕的血跡在我看來，就跟良心負疚的王后一樣眞實。

緊接著《馬克白》之後，我讀了《李爾王》，我永難忘記讀到葛羅斯特雙眼被挖出時的恐怖感受。襲來的憤怒讓我無法再翻頁。我僵坐了好一陣子，太陽穴的血管狂跳，心中堆滿了孩子所能感受到的所有憎恨。

想來應該是在同一時期，我認識了夏洛克[1]和撒旦，我一直覺得這兩個角色之間有關聯性。還記得自己頗爲他們抱憾，隱約覺得就算他們有心向善也做不到，因爲好像沒人願意幫助或給予他們公平的機會。所以至今我仍無法打從心底強烈譴責他們。我曾經有幾度覺得，像夏洛克、猶大，乃至魔鬼之流者，是所謂善的這個大圓輪裡斷掉的輻條，時候到了就能修復完整。

說來也奇怪，初次接觸莎士比亞竟讓我留下了那麼多不悅的回憶。但現今我最喜愛的歡快、文雅或幻想類型的戲劇，卻好像沒讓我一開讀就印象深刻，或許是因爲它們只反映出孩童習以爲常的歡樂生活。但是「孩童的記憶最爲變幻莫測：某些會留存，某些則會忘卻。」

我讀過莎翁劇本數遍，有些甚至可以背誦，不過我無法確定，到底自己最

1 譯註：《威尼斯商人》裡放高利貸的猶太商人

喜愛的是哪一齣。我對戲劇的喜歡和情緒一樣是多變化的。那些短歌和十四行詩與戲劇一樣有鮮明而奇妙的意義。我雖喜愛莎翁的作品，卻厭煩去讀批評家和評釋者所加於每一行的解釋。我曾試著去記住那些詮釋，卻被搞得灰心又苦惱；於是我暗暗跟自己達成協議，再也不看了。直到跟隨克帝李奇教授學習莎士比亞的作品時，我才接受那些評筆。我當然知道關於莎士比亞或是這個世界，還有許多我不了解的地方；但我很樂意看到層層面紗逐一揭開後，所展現的思想與美的新領域。

除了詩以外，我喜愛歷史。我能夠用手閱讀的歷史作品我都讀過了。從枯燥的事實、乏味的編年表，到不偏不倚而多姿多采的《英國人民的歷史》；從費禮門的《歐洲史實》到愛默頓的《中古時代》；第一本使我感覺到具歷史價值的書是史溫頓的《世界史綱》，那是我十三歲生日的禮物，我相信它已破舊不堪了，但我仍然像收藏寶藏般的收藏著它；從《世界史綱》那裡，我學到各個種族是如何分布到世界各地，建立起大城市；而堪稱人間泰坦神的那些偉大統治者們，又是如何君臨其上統轄一切，一聲令下就能決定數百萬人的幸或不幸；不同的國家怎樣為藝術和知識拓荒，為未來世紀更偉大的成長破土；人類文明又是怎樣遭受墮落年代的浩劫後，如浴火鳳凰般重生再起，更崇高地屹立在北部子民中間；偉人智者又如何憑著自由、忍耐和教育，為整個世界的新生，打開了一條道路。

大學時代所讀的書中，我比較熟悉的是法國和德國文學。德國人在生活和文學上，把力量放在美麗之前，他們是真理勝過傳統。德國人所做的每一件事，都有一股激烈且強而有力的活力。他們說話不是為了讓人留下印象，而是因為他們靈魂深處那些熾熱燃燒的思想必須找到發洩管道，否則他們的心就會爆裂開來。

在德國文學中，我發現它主要的光輝是，它承認婦女自我犧牲的愛有可救贖的潛力。這種思想幾乎滲透在所有的德國文學中，尤其在歌德的《浮士德》中表現得最為顯著，比如：

萬象皆散盡，終歸於夢中。
曾爲不可及，如今碩果成。
云何超言喻，哪知皆圓通。
永恆之女神，垂手遠相迎。

所有我讀過的法國作家中，我最喜歡莫里哀和拉辛。而巴爾札克和梅里美筆下的精采篇章則像一陣強勁海風，令人爲之一振。反觀阿弗雷德·德·穆塞可就沒有這等本事了！我也欽羨雨果的天才、燦爛和浪漫主義，儘管他並不是我最熱愛的文學大師。雨果、歌德、席勒和各偉大民族的偉大詩人，都是永恆事物的傳譯者，我的精神常在他們的文學作品裡步入眞善美的境界。

恐怕我對自己的書籍好友著墨過多了，更別說那還只提及了我最鍾愛的作家而已；各位可能會因此輕易認爲我的書籍朋友圈狹隘又偏頗，不過這麼想可就大錯特錯了。我喜歡許許許多多的作家，原因其來有自，比如喜歡卡萊爾

（Carlyle），是因爲他擅長諷喻針貶；華茲華斯（William Wordsworth）傳達出人與自然合一的境界；胡德（Thomas Hood）幽默古怪的詩作和赫里克（Robert Herrick）散發強烈花香的古雅詩文，則讓我發現到精緻的樂趣。我也喜歡惠堤爾（John Greenleaf Whittier）的熱情和正直，我認識他，友情的溫馨回憶讓我在讀他的詩作時樂趣倍增。我愛馬克・吐溫——誰不愛他呢？我想他也蒙神眷顧，才會獲賜滿滿的智慧；神又擔心他會成爲悲觀主義者，所以用愛與信念的彩虹涵蓋他的心靈。我喜歡司各特（Sir Walter Scott）的清新、直率和坦誠。我喜愛所有發自樂觀主義的作家思想，比如羅威爾（Lowell），它們從喜樂和善意的泉源中升起，偶爾會噴濺怒氣，或是灑下同情和憐憫的療癒水花。

總而言之，文學就是我的烏托邦。我在這裡不會被褫奪公權，沒有感覺上的障礙可以把我從甜蜜的、高雅的書友們的交談中隔離。這些朋友無拘無束地和我自在交談。相較於它們「無比的大愛與寬厚」，我所學到或受教的一切就顯得非常微不足道了。

22

享受生活

我嘗試將別人眼中的光，當作我的太陽，別人耳裡的音樂，當作我的交響曲，別人唇邊的微笑，當作我的快樂。

我相信讀者應不會從前面幾章就下結論，以爲閱讀是我唯一的樂趣。其實我的樂趣和消遣是多方面而且多變的。

我在陳述自身經歷時，曾多次提及自己對田野和戶外運動的熱愛。當我還是小孩時，就已學會了划船和游泳。在麻州倫瑟姆的夏天裡，我幾乎生活在我的小船上。沒有什麼比得上朋友來訪時，我帶他們去划船的樂趣。當然，我還無法駕輕就熟地划船，通常在我划船時，會有人坐在船尾掌舵。不過有時候就算沒有人掌舵，我也能獨力划船。在水草百合花和岸邊叢林的香氣引導下，駕船是有趣的。我使用有皮帶的槳，從水的阻力來知道雙槳是否平衡。同樣我可以知道什麼時候是逆流而上，我喜歡和風浪搏鬥。我以爲最大的興奮，莫過於令你的小舟服從你的意志和肌肉，讓它輕輕掠過波光蕩漾的水面，感受著時而平穩時而洶湧的波浪。

我又喜愛划獨木舟，或許當我說我特別喜歡在月夜裡泛舟時，你也會會心一笑！當然，我看不見月亮在松樹背後爬上天空，輕巧地越過空中，造出一條讓我們跟隨的小徑。但我好像知道月亮就在那裡，當我累了，躺回舟中，把手放在水裡時，我想像她正在經過，我觸摸到她微亮的衣裳。偶爾，有小魚從我指間溜過；有時一朵睡蓮含羞地吻著我的手指。更經常碰到從隱蔽的內灣或河口划出來時，迎面襲來豁然開朗的氛圍。我彷彿置身明亮的和煦之中，卻無從探知這股暖意究竟來自飽受日晒的林木或水面。甚至身處城市市中心，遇到風雨交加的寒冷時刻及夜晚時，我也有這種奇特的相同感受，彷彿有溫暖的親吻落在臉上。

我特別喜歡乘船航行這項娛樂。我在一九〇一年夏天遊覽摩斯科夏半島時，終於有大好機會認識海洋。在伊凡潔琳的故鄉——朗費羅（Longfellow）優美詩作中所描述的迷人地區度過幾天後，蘇利文老師和我轉往哈利法克斯（Halifax），在那裡度過了大半個夏天。那個海港是我們的喜悅、我們的樂園。我們到過貝德弗盆地、麥克納海島、約克多和西北海灣，那眞是奇妙的航行。夜晚時分，我們就在巨大軍艦的寂靜陰影下度過愜意的美妙時光。噢，一切都那麼美好有趣！我永遠不會忘記這段歡樂的回憶。

一天，我們有了一場刺激的經驗。西北海灣正在舉行船賽，從各種軍艦而來的小艇都在那裡一決雌雄。我們跟其他人一起坐上一艘帆船去看船賽。好幾百艘小船從我們船邊不斷往返，海面風平浪靜。船賽結束後，我們掉頭返航。有人注意到一朵烏雲從海面飄浮而上，它逐漸擴散增厚遮蔽整個天空。突然，風起了，海浪憤怒地拍在暗礁上。我們搭乘的小船勇敢對抗狂風的吹襲，風帆鼓脹，船繩緊繃，彷彿正乘著風浪的尖頭起伏。它一會兒在波濤中盤旋打轉，一會兒又被巨浪往上捲起，只能任由呼嘯的狂風咆哮打擊。主帆隨之降下。小船順應著風勢轉向，我們則跟把人吹得東倒西歪的狂猛強風搏鬥。那時我們的心臟猛烈地跳動，雙手因興奮而非懼怕地顫抖，我想像自己好比維京海盜。我們知道船長飽經海上風雨，他憑堅毅的雙手、精諳海洋的銳眼在操縱小艇。海港中所有的船隻和水手們，都為這艘帆船的船主喝采歡呼。最後抵達碼頭時，我們又冷、又餓、又疲倦。

去年夏天，我在新英格蘭迷人可愛的農村裡度過。麻州的倫瑟姆關係著我全部的喜憂。好幾年來，張柏林先生和家人的故居，亦即靠近腓立皇池的紅色農莊成了我的家。我每想到這些摯友和共度的快樂時光，便不期然地衷心感激。我很重視和他們孩子間甜蜜的友誼。我參加他們的各種遊戲，我們在樹林裡散步，在水中嬉耍。小傢伙們的童言、我描述小妖精和侏儒、英雄和狡熊的故事，都是愉快的回憶。張柏林先生最先引導我進入樹和野花的隱祕世界，於是我側著耳朵，傾聽橡樹內奔流的汁液，看到太陽揮灑在樹葉上的光輝。那副景象宛如：

即便深藏於暗黑泥土之中，
樹根亦能同享樹梢的喜悅，
遙想陽光、遼闊穹蒼與飛鳥，
天地有情，讓我亦能見證無形萬物。

我覺得，好像每一個人都能了解到開天闢地時，人類所經驗到的印象與感情。每個人對於翠綠的大地和淙淙的水流都有下意識的記憶，瞎或聾都不能抹煞這項祖先的禮物，這種承傳的才能是一種第六感，那是能看、能聽、能感覺的全能靈性。

所以，在倫瑟姆（Wrentham）我有很多大樹朋友，其中一棵壯觀的橡樹是我心中最感得意的，我還帶過每個朋友來看這棵樹王。它屹立在俯瞰菲利普王池塘的懸崖上，很懂樹的人說，這棵樹矗立在此應該有八百年或一千年之久了。關於這棵樹有個傳說，相傳那位英勇的印第安酋長菲利普，最後就是在此樹下凝望著天地而亡。

相形之下另外一位樹友，生在紅鍇農場庭院的燕園菩提樹，就比那棵魁偉橡樹來得平易近人多了。有天下午，一場恐怖的暴風雨後，房屋旁傳來巨大的聲響，不用別人告訴我，我就知道菩提樹倒了。我出去探視那棵曾經抵抗過無數暴風雨的英雄，看到它曾經偉大地奮鬥，現在又偉大地倒下，我的心絞痛了。

我眞的忘不了去年夏天所發生的事。考試過後，蘇利文老師和我立刻前往翠綠的鄉間，在那兒，我們有間別墅緊靠著湖畔，那是倫瑟姆著名的三座湖之一。在那兒，充滿陽光的日子都屬於我，所有課業、學校、繁雜城市等思想都拋到腦後。然而我們在倫瑟姆，依舊聽到了世界局勢的風聲——戰爭、同盟國、社會衝突等。我們聽到了遙遠的太平洋彼岸殘酷無謂的戰爭，曉得勞資雙方的爭鬥。知道在我們置身的伊甸園之外，世上的人們捨棄了度假閒暇，正在揮汗創造歷史。但我們卻不太關心這些事，因爲世事遲早都會消逝；而此地的碧綠森林、湖泊，空氣甜美的牧場，遍地開放如星的野花，才是永恆的。

有人認爲，感情到達身上，是經過耳目的傳達，因此，他們覺得我很奇怪，我除了能分辨城市街道與鄉村小路的不同外，還能分辨其他。他們忘了，我的身體是生存於環境裡。城市的叫囂刺激臉上的神經，我感覺到一群人不停的腳步聲，不協調的叫嚷聲，這些擾亂了我的精神。沉重的運貨馬車刺耳地輾過堅硬路面，機械裝置發出單調的鏗鏘聲，明眼人要不是被熙攘不斷的街道景象轉移了注意力，恐怕會被這些噪音逼到抓狂吧。

在鄉間，人們可看到大自然的傑作。人們不會想在擁擠的都市中，只為生存的殘酷憂慮。我曾數次訪問貧民區的骯髒窄巷，住華宅的上等人生活光鮮亮麗當然心滿意足，但貧民卻住在暗無天日的破敗陋室裡，卑微貧賤地凋亡，想到這些我就義憤難平。充斥在這些骯髒巷弄的孩童們衣衫襤褸，營養不良，然而看到你伸出手時，他們卻大受驚嚇地退縮閃避。那些小可愛們盤踞在我心頭，每每想及就令我心痛不已。貧民窟的男男女女也都因困苦勞頓而身軀佝僂。我曾接觸到他們粗糙結繭的雙手，深知他們的生存奮鬥必然永無休止，更是一連串的挫敗混戰。在他們的生命中，努力和機遇之間似乎差距懸殊。我們常說太陽和空氣是上帝給予全人類的免費禮物；果眞如此嗎？在城市的齷齪狹巷裡，沒有陽光的照耀，空氣混濁。天啊，人們怎能遺忘並阻撓自己的弟兄手足，還在他們一無所有時說什麼「感謝主賜予我們今日的糧食」？噢，我眞希望人們能離開城市，捨棄繁華、喧囂和財富，返回樹林、田野，過著簡樸誠實的生活，讓他們的孩子像高貴的樹木般莊嚴地長大，讓他們的思想像路旁花朵一樣的芳香純真。在城市工作了一年重返鄉間時，我禁不住有了這些感想。

這是何等的快樂啊！能再度踩踏著軟彈的土地，循著綠油油的小路來到蕨類生長茂密的小溪，讓手指浸浴在潺潺流水中，或是攀越石牆到達如茵草地，在上面翻滾跑跳樂翻天。

除了從容的散步，我最愛坐有雙人墊的腳踏車馳騁。風吹在臉上和鐵騎有彈性的轉動給我奇妙的感覺。迅速地衝過空氣，使我有一份力量和飄飄然愉快的感覺，這種運動使我心曠神怡。

只要有可能，我的狗都會陪著我散步、乘車或航行。我有過很多狗伴，高大的猛犬、目光柔和的西班牙狗、善於樹林生活的獵犬和忠心但其貌不揚的狼犬。目前我所鍾愛的便是一頭家族遺傳有彎曲尾巴和惹人發笑的狗臉的狼犬。狗伴似乎知道我的缺憾，當我孤獨時，總是寸步不離地陪伴著我。我很愛牠們熱情的表現和生動搖擺的尾巴。

下雨時，我便足不出戶，做著和其他女孩子一樣的娛樂。我喜歡編織和鉤織；也喜歡以隨遇而安的態度讀書，東一行，西一句的；更喜歡和朋友們下一、兩盤棋。我有一個特製的棋盤，格子是凸出的，棋子站得很穩，黑棋子是平的。白棋子頂上是彎的。每個棋子中央有一個洞，而用黃銅小圓凸取代這個洞的棋子則代表國王，好跟其他棋子做區別。棋子有兩種大小，白棋比黑棋大，因此我很容易知道對方的棋勢。只要每次在棋盤上面用手輕輕地摸摸就行了。移動棋子的位置時，我就知道該我走棋了。

偶爾，我一個人無精打采時，便獨自玩紙牌遊戲。我把撲克牌的右上角刻上點字，這樣便很容易摸出牌上的數字。

假如有小孩子在旁，和他們一塊兒嬉戲是最快樂不過的。甚至最小的小孩都是好的遊伴，我最高興的是，孩子們都很喜歡我。他們做我的嚮導，告訴我他們感興趣的事物。小孩子們不會用手指拼字，我就盡量去讀他們的唇語。如果我無法了解，只好依賴手勢。有時候我誤會了他們的意思而做出相反的事情；

我的錯誤引起孩子們哄然大笑，於是啞劇又得再次上演。我也常常為他們講故事，教他們做遊戲。時間快速流過，留給我們難以道盡的歡樂。

博物館和藝術館也是樂趣和靈感的來源。想必許多人會覺得奇怪，欠缺視覺輔助單靠用手觸摸，眞能感受到冰冷大理石雕像的動作、情感和美妙嗎？但觸摸這些偉大的藝術作品，我確實從中得到眞摯的樂趣。當我以指尖探索著線條和曲線時，便感受到藝術家所描述的思想和感情。我從諸神與英雄們的臉上感覺出他們的憤怒、勇氣和愛情，這就好比我可以從觸摸活生生的臉孔而偵察出來他們的喜、怒、哀、樂。從戴安娜女神的姿態，我感到森林靈氣的嫻雅和自由，足以馴服山間的猛獅，克服最猛烈的感情。維納斯女神寧靜優雅的曲線，使我的靈魂充滿喜悅。而巴瑞的銅像把森林的祕密顯示出來了。

荷馬的塑像低低地掛在我書房的牆上，因此我可以很輕易地，以敬愛的神情，摸到他美麗而憂傷的臉孔。我對那莊嚴高貴的額上的每一根皺紋都清楚極了，那是生命的輪軸和在憂患中掙扎的證據，甚至在冰冷的灰石中，他盲目的雙眼仍在尋找他鍾愛的希拉斯和蔚藍的天空，但希望卻落空了；那美麗的嘴巴堅決、眞實而且柔和，那是詩人和飽經憂患之士的面孔。唉，我對他置身永恆黑夜的失明之痛感同身受——

喔，黑暗啊黑暗，在正午的光焰中，
無法復原的黑暗，完全的光蝕
無望見天日！

在遙想中我聽到荷馬步履蹣跚地摸索前進，行過一個又一個營地，吟唱著關於生命、愛情以及高貴民族豐功偉業的事蹟。這首絕妙絢爛的頌歌爲盲詩人冠上了永垂不朽的桂冠，流芳百世。

有時候，我甚至懷疑，手對雕刻的美是否比眼睛更敏感。我認爲線條和曲線奇妙而有韻律地奔流，似乎比看更容易微妙地感覺出來。不管是否如此，我都知道，我可以在古希臘人的大理石神像和女神像身上感覺出它們的心臟跳動。

欣賞歌劇是比較罕有的一種樂趣。我喜歡在戲劇上演時，由別人向我解釋劇情，而不想自己親自閱讀劇本；因爲這樣我便會覺得身歷其境。我還特別有幸見到了幾位優秀的男女演員，他們的精湛演技會讓人沉迷到忘記現今時空，宛如親歷往昔的浪漫時代。當艾玲．杜律小姐飾演高貴的皇后時，我被允許摸摸她的臉孔和服飾；她散發出來的高貴神情足以隔絕最大的悲哀。她的身邊站著穿著帝王服飾的亨利．歐文爵士，舉手投足間散發著英明的威嚴，敏銳面容上的每道紋路則隱隱顯露著皇家風采。亨利．歐文爵士在他扮演的國王面孔上，有一種冷漠的、不能捉摸的悲憤神情，讓我一生難忘。

此外我還認識了傑弗遜先生[2]，很榮幸跟他結爲朋友。只要我人剛好在他出演的地方，就會去看他。初次看他表演，是我在紐約念書那段時間。當時他

2 譯註：Joseph Jefferson，19世紀美國知名演員

正演出《李伯大夢》（*Rip Van Winkle*），我讀過這個故事，但直到看了這齣劇，才感受到李伯那慵懶、古怪及善良行徑的魅力。傑弗遜先生那絕妙又令人悲憫的表演，都讓我樂在其中不能自已。而指間碰觸下所感受到的老李伯意象，也令我永誌難忘。演出結束後，蘇利文小姐帶我到後台探望傑弗遜先生，我摸到他奇特的戲服和飄逸的髮鬚。傑弗遜先生讓我摸他的臉，好讓我能想像李伯怪異地睡了二十年後醒來的模樣，他還向我展示可憐的老李伯舉步維艱的樣子。

我也看過他演出《對手》（*The Rivals*）這齣劇。有一次我在波士頓拜訪他，當時他就為我表演了《對手》最驚人的場景。我們所待的會客室被充當舞台，傑弗遜先生和他的兒子在一張大桌子旁落坐後，鮑伯．亞克雷斯[3]的挑戰就開演了。我用雙手跟隨他移動，捕捉他演出荒謬可笑的失誤和動作，對我來說，這種方式是拼寫無法企及的。接著他們起身決鬥，我亦步亦趨追隨著雙方劍鋒快速擊刺閃避，以及可憐的鮑伯勇氣盡失地動搖。然後這位偉大演員用外套裹住自己，嘴角抽搐起來，下一瞬間我已置身流水村，感覺到施奈德毛茸茸的頭正抵著我的膝蓋。傑弗遜先生還朗誦了《李伯大夢》中，笑中帶淚的精采對白。他還要我盡可能地對手勢與動作下指示來配合台詞。我當然對戲劇效果什麼的一無所知，只能靠自己胡亂猜想，但他卻能如實地詮釋，展現出精湛演技。他低喃地說出李伯的感嘆：「逝去的人竟然這麼快就被遺忘？」無論是他長眠醒來後，沮喪地找尋自己的狗和槍；或是對於跟德瑞克簽約那種滑稽的優柔寡斷，這種種似乎正是人生的寫照；換句話說，所謂的理想人生，應該就是凡事都能依自己所願順遂發生吧。

我仍很清楚記得第一次在戲院的情形。那是十二年前的事，有個名叫艾絲・里斯莉的小女伶正在波士頓演出《王子與乞丐》，蘇利文老師帶我去看她的表演。我永遠忘不了這個美麗的小戲劇所充滿的喜怒哀樂的漣漪，和扮演這個角色的了不起的孩子。散場後，我被允許到後台會見穿著皇室服飾的她。你很難

3 譯註：《對手》劇中的角色

找到比她更可愛、更討人喜歡的孩子了，她有一頭金髮披散在肩上，活潑地微笑著，完全沒有一絲羞怯或疲憊的神情，儘管先前她一直面對著大批觀眾表演。那時，我才學會說話，我重複地練習過她的名字好幾遍，直到我可以正確地說出來。當她明白我所說的幾個字時，她毫不猶豫地伸出雙手，表示很高興認識我，我高興得幾乎跳起來。

雖然我的生命有許多的限制，但我仍可以觸摸到這個多姿多采的世界。每樣事物都有其奇妙之處，甚至黑暗和寂靜也一樣，我由此領悟到無論在任何環境下，都要安分滿足。

無可否認，有時候當我孤單地坐著等待生命關閉它的大門時，一種與世隔絕的感覺，好像冷霧一樣的包圍著我。遠處有光、音樂和友誼；可是我就是進不去。命運靜寂而無情地堵住了去路。這迫使我不得不質疑那專橫的天命，因爲我仍有一顆不受拘束、充滿熱情的心；然而我的舌頭不會吐出忿懟無用之語，即使它們已到嘴邊，仍會像吞忍的淚水般退回我的胸臆。無邊的寂靜壓迫著我的靈魂，然後希望就會微笑著降臨，並低語著「喜悅存於忘我之中」。我因此嘗試著將別人眼中的光，當作我的太陽；別人耳裡的音樂，當作我的交響曲；別人脣邊的微笑，當作我的快樂。

23

朋友創造我的一生

他們把我的缺陷變成美好的特權，使我能夠在已造成的缺陷陰影中，安詳而快樂地前進。

要是我能把對我曾經有幫助的人名一一寫出，那該有多好！他們有些是可以在我的作品中被讀者所熟悉，也有可能是大家所不知、沒有聽說過的。雖然如此，他們的影響卻將永遠地活在所有因他們而變得甜美、高貴的生活裡。當我們遇到那些像一首優美詩歌般的打動我的人、那些握手時注滿無言同情的人，和他們甜蜜實在的本性，給予我們一生許多值得紀念的日子。那可以把我們的混亂、憤怒與憂愁一掃而光，使我們醒來時，可以以新的耳目看看上帝眞實世界中的和諧。這些充滿了我們的生活的神聖零碎小事，有時會突然發展成美妙的機會。總之，當這些朋友離我們很近時，一切便很美好；也許我們未見過他們，他們或許也不會再經過我們生命的小路；可是，他們平靜、豐富的個性給我們的影響，就像祭酒一樣注入我們不知足的心，我們感到撫慰，就像海洋可以感覺山泉流入大海一樣。

時常有人問我：「妳曾被人煩擾過嗎？」我不了解他的意思。我認爲那些笨拙又好奇、尤其是新聞記者的訪問是煩人的。我也不喜歡那些自以爲是、喜歡說教的人。他們像那些和你一起走路時，縮短步伐以適應你速度的人一樣；兩者的虛僞誇張同樣的令人不耐。

對我而言，我所接觸過的手，已默默道盡了千言萬語。有些人手的接觸十分無禮。有些人沒有喜樂，當我和他們冷冰冰的手相握時，就像和東北風握手。有些人的手就像陽光一樣，和他們握手使我內心溫暖。有些可能只是小孩子的手貼附的接觸，但對我來說，個中蘊含的幸福就跟投以他人關愛眼神的幸福一樣多。誠懇的握手和友善的信件都給我帶來愉快。

我有許多素未謀面的遠方友人。實在是人數太多，以至於無法盡數回信。但我仍希望可以在這裡說明，我永遠感謝他們的善意，只是，我無能感激得完！

我認爲生命最甜美的特權之一，便是能認識很多有智慧的朋友，並且和他們交談。只有認識布洛克主教的人，才能領會擁有他的友誼的喜樂。我還是小孩的時候，總愛坐在他的膝上，一隻手緊緊握著他的大手，而蘇利文老師在另一隻手上寫出有關上帝和屬於靈世界的美麗的讚辭。我以小孩子的好奇和喜悅聽他講道。雖然我的靈魂不能攀上他的，但他給予我生命的眞實喜樂；當我漸長時，每次都帶著在美和意見深度上都有成長的高雅思想離開。有一次，我不明白爲什麼有這麼多種宗教，布洛克主教說：「有一種普遍的宗教——愛的宗教，以你的全心全靈魂去愛你的天父，盡你所能的去愛神的每一個孩子，記住，善的能力遠比惡的能力大；你已經擁有了天國之鑰。」他的生命就是這個偉大眞理的快樂例證。在他高尙的靈魂裡，「愛」是由最淵博的學問和成爲洞察力的信仰所融合而成的。他所看到的是——

無論是在社會解放提升的進程中，
或是所有謙卑、美妙與慰藉之中，
神都無所不在。

布洛克主教沒有教我任何特別的教條；但是，他在我的腦中刻下兩個觀念——上帝是父，人類是手足，使人覺得這些眞理便是所有信條和崇拜形式的基礎。上帝是愛，上帝是父，我們是祂的孩子；所以最烏黑的雲霧會消散，雖然公理會被擊敗，但邪惡永遠不會勝利。

因爲我在這個世界快樂極了，所以沒有想到太多的未來，除了記得我有些親愛的友人在上帝某個美麗的角落等待著我。雖然歲月如梭，他們似乎和我很親近，倘若任何在一瞬間，他們緊握我的手，就像離去前一樣向我說著親熱的話，我不覺得奇異。

自從布洛克主教逝世後，我把聖經再讀了一遍；同時也讀了一些宗教上的哲學作品，其中有瑞登波的《靈界紀遊》、莊夢德的《人類的躍升》，我並沒有發覺別的教條或系統比布洛克主教愛的信條更屬靈性的滿足。我還認識亨利．莊夢德先生，他有力而溫暖的握手好像是一種祝福。他是一位富有同情心的伴侶，不但見聞廣博而且爲人誠懇，只要有他在，總是滿室生春。

我記得很清楚，第一次會晤霍姆茲博士時的情形。他邀請蘇利文老師和我在星期日下午去拜訪他。記得是初春，我剛學會說話不久。到達時，我們立即被霍姆茲博士引進他的書房，他靠坐在一張大靠背椅上，靠近劈啪作響的熊熊爐火，他說他很喜歡想著其他的日子。

「和靜聽查理斯河的細語。」我補充著。

「對了，」他回答，「查理斯河給我很多可愛的聯想。」書房中有印刷和紙草的氣味，表示這裡有很多書，我本能地伸出手去找尋它們。我的手指碰到一冊美麗的丁尼生詩集，當蘇利文老師告訴我它的書名時，我開始朗誦：

破裂，破裂，破裂。
破裂在你冰冷的灰岩上，啊，大海！

忽然，我停頓了。我感到手上有淚水。我使摯愛的詩人飲泣，因此我激動極了。他讓我坐在他的靠背椅裡，同時又拿來很多有趣的東西讓我觀察，同時在他的要求下，我背誦了那時候我心中最愛的詩〈築室的鸚鵡螺〉。以後我見過霍姆茲博士幾次，使我喜歡他的詩以外，也喜歡他的為人。

這次面談之後的一個美麗的夏天，蘇利文老師和我去惠蒂爾先生在梅里麥克河上的恬靜的家拜訪。他那彬彬有禮又妙趣橫生的言談使我們心服。他有一本自己的凸字版的詩集，我從裡面讀到〈在學校裡的生活〉。他對於我能準確地發音非常高興，他說他絕對可以輕易明白我所說的話。於是我問了很多有關這首詩的問題，並且把手放在他的脣上以便得知答案。他說詩中的男孩是他自己，那個女孩子名叫莎莉，還有很多關於其他的，此時我已忘記了。

我又繼續背誦了〈讚美歸上帝〉，當我讀到最後一行時，他在我手中放了一個奴隸的雕像，從那蹲伏的人像掉下兩個腳鐐，就像天使把彼得帶出監牢時，從他的四肢上掉下來的一樣。之後，我們進入他的書房，他親筆簽名給我的老師，表達他對她工作的佩服，而後對我說：「她眞是妳靈魂的釋放者。」然後他帶我到大門口，在我額上溫柔地吻吻我。我答應第二年夏天再去探望他；但我還沒實現這個承諾，他便逝世了。

愛德華・愛萊特・赫爾博士也是我的老友之一。我八歲那年就認識他，隨著年齡的增長，愈發地敬愛他。他的智慧以及溫柔和同情，永遠是蘇利文老師和我在遇到試煉與憂傷時，支援的無限力量來源。他堅強的手，幫助我們走過無數崎嶇的路程。他用愛的新酒裝滿了舊信條的酒囊，向人們指示相信、生活和自由的意義。他更以身作則，用自己生命得體地表達出他的教訓——愛國家、愛人類和熱中於向上向前的生活。他曾經是人們的先知，振聾發聵的人，對聖經履踐篤實的偉大信徒，他是全人類的朋友。讓上帝祝福他吧！

我寫過和貝爾博士第一次會晤的情形。那次後，我在他那位於華盛頓和布勒頓島中，因華納一書而聞名的布達克村的美麗家中度過了很多愉快的日子。在貝爾博士的實驗室中，或是偉大的布烈斯河岸的田野，愉快地靜聽他告訴我有關實驗的事情，也幫助他放風箏，他希望藉此發現控制未來飛船的定理。貝爾博士精通各方面的科學，並且有本事將他所觸及的各門學問變有趣，就連最深奧的理論也不例外。他能讓你感到，只要有一點時間，你也可能成爲一個發明家。他也有幽默和詩意的一面；對兒童有極大的愛心，當他抱著一個聾孩子時會比平常快樂。他爲聾人所盡的努力會留存和造福後世的孩子，我們因爲他個人的成就和對別人的感召而敬愛他。

居留在紐約兩年中，我有很多和名人交談的機會，雖然我久聞他們的大名，卻沒有想過會遇到他們。我大半都是在好友勞倫士．赫頓先生的府上和他們會晤的。我拜見他與赫頓夫人，參觀他們的圖書館，讀那些天才寫給他的美妙情感和輝煌的思想。對我來說，能在圖書室中親自閱讀到這些留言，眞是莫大的榮幸。據說赫頓先生能洞察人們心中的思想與感情，所以人們不需要讀《我所認識的男孩》，就可以了解他。他也是我所認識的最慷慨、最純潔的男孩，在各種各樣環境下的好友，不論在任何方式的生活，都能緊隨著愛的足跡。

赫頓夫人是一個患難與共的眞誠朋友。我能夠享受到最甜蜜、最珍貴的生活，一切都要歸功於她。在大學的學習過程中，她常引導幫助我。當我因課業困難而氣餒時，她的信使我欣喜，使我勇敢。我們可以從一些人那裡體驗到實踐的艱鉅任務，然後使後來的事變得簡單和容易，而她便是其中之一。

赫頓先生把許多文學朋友介紹給我，其中有著名的威廉・狄恩・霍爾斯先生和馬克・吐溫。我也見過李察・華特生・吉爾德先生和艾德豪德・克拉倫斯・惠特曼先生。我也認識查爾士・杜德里・華納先生，他善於講故事，對人又深富同情心，以至於大家都說他愛人如己。有一次，華納先生帶了那親愛的森林詩人——約翰・帕洛夫先生來看我。他們都很溫文且充滿同情心，尤其是他們的舉止，恰如他們才華四溢的文詞與詩篇那麼迷人。這些文學家能輕易地轉換話題，或激烈地爭辯；他們妙語如珠的言談，使我望塵莫及。就好像小阿斯卡留斯以不對稱的腳步跟著英雄阿留斯向偉大的命運進軍。他們對我說了許多至理名言。吉爾德先生告訴我，他曾經穿過廣大沙漠在金字塔做月光之旅，有一次他寫信給我，最後重重簽名，紙凹下去，使我可以輕易摸出來。這讓我想起，赫爾先生給我的信也都把簽名刺成點字，使我能夠摸讀出來。我從馬克・吐溫的脣形，讀出他的一、兩篇優美的故事。馬克．吐溫有他獨特的思想、言論和行事風格。與他握手時，我感覺到他的眼睛炯炯有神。甚至，當他以特有的、難以形容的幽默聲調，發表他那諷刺的智慧時，會使你覺得彷彿他就是那個溫柔、又有人類同情心的伊里亞德。

我在紐約還見了一些有趣的朋友——聖尼古拉斯受人敬愛的編輯瑪莉．瑪普斯．道奇女士，《愛爾蘭人》一書的可愛作家凱蒂．道格拉斯．威格因女士。我從她們那裡接受了禮物，那些全心全意的溫暖禮物便是——載有她們自己思想的書、照耀我心的信，和我再三描述的照片。可惜的是限於篇幅，不能盡述所有的朋友，事實上，還有很多很多關於他們的事物，只是那些神聖的事怎能在這微不足道的書上提出。甚至要講到勞倫斯．赫頓夫人時，我的心中還猶豫不決。

我只能再提兩位朋友，一位是匹茲堡的威廉．譚夫人，在李頓赫斯特市時，我常去她家拜訪。她總是做些令人快樂的事，認識她多年來，她總是那樣的慷慨又充滿智慧。

尚有一位朋友，我也深深感激著。他強而有力的企業領導無人能及，他神奇的能力，博得大家的尊敬。他對每一個人都很仁慈。他總是默默行善，不為人知。雖然我常觸及名人的名字，我還是不能提及他的大名。我真誠感謝他的慷慨和愛的關切，使我能夠進入大學就讀[4]。

就這樣，朋友們創造我的一生。他們費盡心思、絞盡腦汁，把我的缺陷轉變成美好的特權，使我能夠在已造成的缺陷陰影中，安詳而快樂地前進。

4 譯註：此處所提的朋友即卡內基先生。

假如給我三天光明

Three Days to See

First published in 1933

I

每個人都讀過情節緊張、驚險刺激的故事，故事中主角的生命有限，僅有一段具體特定的時間可活，有的長達一年，有的只有短短一天，但我們總讀得興味盎然，想看看這個注定要死的人是如何度過生命中最後那段日子，或最後幾個小時。當然，我指的是那些有選擇權的自由人，不是活動範圍受到嚴格限制的死刑犯。

這樣的故事給了我們一個思考的空間，想想自己在類似的情況下會怎麼做。身爲一個凡人，我們想在生命的盡頭做些什麼，體驗什麼樣的事物，擁有什麼樣的關係？回顧過去，我們會發現哪些幸福、哪些遺憾？

有時我會想，要是能把每天都當成人生最後一天來過一定很棒。這種心態清楚強調出生命的價值，我們應該懷著感恩，帶著溫柔、活力與熱忱度過每一天。看著歲月在眼前不斷流轉綿延，往往會讓人失去這些意念，認爲未來的日子還長，還有很多天、很多個月和很多年。隨著時間推移，死亡離我們愈來愈近，無可避免；當然，有些人抱持「吃喝玩樂」這類享樂主義的生活態度，但實際上，大多數人都要經歷死亡的震撼教育後才會覺醒。

故事中，注定殞命的主角通常會在最後一刻被命運女神拯救，自此之後，他們的價值觀幾乎澈底改變，變得更珍惜生命的意義及其永恆的精神價值。很多當前或曾經活在死亡陰影下的人所做的一切，都有一種芳醇的甘美。

然而，大部分的人都將生命視爲理所當然。我們知道自己總有一天會死，卻大多認爲那一天很遙遠。身體健康的時候很難想像死神或許近在咫尺。我們很少想到死亡，而且未來的日子一望無際，因此我們汲汲營營、忙於瑣事，幾乎沒有意識到自己是用無精打采的態度來看待生活。

遺憾的是，我們在各種身體機能與感官運用上同樣抱著消極委靡的心態。只有聽障人士才明白聽力有多寶貴，只有視障人士才能體會到蘊藏在視力中的種種幸福，特別是那些成年後才失去視力和聽力的人。相反的，視力或聽力未曾受損的人很少充分運用這些滿溢著祝福的能力；他們只是草草接收感官訊號，沒有專心感受眼目所見的景物以及耳朵所聽的聲音，遑論欣賞與感激。人們還是老樣子，生病後才意識到健康的重要，失去後才懂得感謝、珍惜自己擁有的一切。

我常常在想，如果每個人在成年初期都要失明和失聰幾天，或許是件好事。黑暗會讓我們更珍惜眼前的畫面，寂靜會讓我們更明白聲音的樂趣。

我會不時測試視力正常的朋友，看看他們究竟看到了什麼。最近有個很要好的朋友來找我，她剛從樹林裡散了很久的步回來，我問她看到了什麼？她回答，「沒什麼特別的。」要不是我習慣了這種答案，我可能會懷疑她說的話。我早在很久以前就知道，也相信很多看得見的人其實什麼也看不見。

我心想，怎麼可能在樹林裡走了一個小時，卻看不到任何值得注意的東西？看不見的我光是用手摸就能找到許多好玩又有趣的事物。我感覺到樹葉精緻細膩的對稱美；我帶著愛意拂過光滑的白樺樹皮和粗糙的松樹皮；春日時分，我滿懷希望地撫摸樹枝，尋找青嫩的葉芽，這是大自然於冬眠後甦醒的第一個徵象；我感覺到花朵如絲絨般柔滑美妙的質地，發現其中的構造複雜到令人驚嘆；大自然的奇蹟就這樣展現在我面前。有時我會把手輕輕放在小樹上，夠幸運的話，我會感覺到一隻鳥兒歡快地抖動翅膀，高聲歌唱；我喜歡讓冰涼的溪水從我張開的指間奔湧而過；我覺得一層鬆厚蔥鬱的松針或柔軟的草地比豪華的波斯地毯更棒。對我來說，繽紛的四季饗宴就像一場扣人心弦、永無止境的戲劇表演，萬物的一舉一動都流經我的指尖。

有時我的心會放聲吶喊，渴望能親眼看到這一切。如果我能從觸覺中得到這麼多快樂，視覺想必能呈現出更多的美。不過，那些有眼睛的人顯然視而不見。一連串充滿色彩和動作的景象被認爲是理所當然的存在。或許這就是人性吧；我們很少珍惜自己所擁有的，卻渴求自己所沒有的。在光明的世界裡，「視覺」這個禮物只是一種方便的工具，而非讓生活更充實的方法，這點眞的很可惜。

假如我是大學校長，我會開設一門「如何使用眼睛」的必修課，請教授好好教導學生，喚醒他們沉睡、遲鈍的感官知能，讓他們明白只要「眞正」看見眼前忽視的一切，就能爲生活增添不少樂趣。

II

也許我能用想像力來描述一下，假如我的雙眼視力正常，哪怕只有三天光明，我最想看到什麼？你不妨也想像一下，如果再過三天就看不見，你會怎麼運用自己的眼睛？如果你知道第三個晚上過後只剩下無盡的黑暗，太陽再也不會爲你升起，你會如何度過這寶貴的三天？你最想看的是什麼？

我最想看的自然是那些經過黑暗歲月洗禮、在我心中變得珍貴的東西。你也一樣；你會想讓目光長時間停留在自己心愛的人事物上，這樣你就可以把關於他們的記憶一起帶進前方那片逐漸逼近的黑夜。

倘若出於某種奇蹟，我擁有三天視力，第四天得再次陷入黑暗，我會把這段時間分成三個部分。

第一天，我想看看那些以溫柔良善待我、陪伴我，讓我的人生值得活下去的人。首先，我想花點時間仔細凝視親愛的安・蘇利文・梅西（Anne Sullivan Macy）老師的臉，她在我還小時就來到我身邊，帶我探索外面的世界。除了看看她的臉部輪廓，將它珍藏在心底外，我還想好好研究一下那張臉龐，並從中找出活生生的證據，證明她用富有同情心的溫柔與耐心教導我，完成這項艱難的任務。我想從她的眼眸裡看到那股讓她能在困境前站穩腳跟的堅強，還有她常表現出來的對世人的悲憫與關懷。

我不知道該如何透過雙眼，也就是所謂的「靈魂之窗」來窺探朋友的內心世界。我只能用指尖「看」出臉的輪廓；我能察覺到笑聲、悲傷和其他明顯的情緒；我從臉的觸感來辨認我的朋友，但我無法用手「摸透」他們的性格。當然，我可以藉由其他方式，從他們表達出來的想法和表現出來的行爲來了解他們的個性，可是我看不見他們，無法觀察他們對各種觀點與情況的反應，也無法即時注意到轉瞬即逝的眼神和表情變化，所以沒辦法進一步認識對方。

我很了解那些跟我很親近的朋友，因為經過積年累月的相處，他們得以向我展現出各個時期的自己；至於普通朋友，我只有一個不完整的印象，一個從握手、用指尖摸他們的嘴唇來辨讀話語，或是他們在我的掌心裡寫字所得來的印象。

對你們這些視力正常的人來說，經由觀察對方微妙的表情、手的揮舞和肌肉的顫動來快速了解對方的基本特質是件非常簡單、輕鬆愉快的事。但你有想過用眼睛去觀察認識的人或朋友的內在本質嗎？大多數看得見的人不是隨便捕捉一張臉的外部特徵，然後就放下了嗎？

比方說，你能確切描述出五位好友的臉嗎？有的人可以，但很多人不行。

我曾做過一個實驗，詢問了好幾位結婚多年的先生，太太的眼睛是什麼顏色？他們大多露出尷尬又困惑的表情，支支吾吾地承認他們不知道。順帶一提，不少太太都抱怨先生沒有注意到她們穿了新衣服、戴了新帽子和家中擺設的變化。

視力正常者的眼睛很快就會習慣周遭的環境與生活日常，只看得見那些令人吃驚與宏偉壯麗的景象。但即便眼前的景色蔚爲壯觀，他們的雙眸也是懶洋洋的、提不起勁。法庭紀錄每天都在告訴我們「目擊者」的見聞有多不準確。一個特定的事件，不同的目擊者會有不同的說法，「看」的角度也不一樣。有些人看到的東西比其他人多，但很少有人能看到視野範圍內的一切。

哦，假如給我三天光明，我會看到多少事物啊！

第一天肯定是忙碌的一天。我會把所有親愛的朋友叫來，花上好一段時間仔細端詳他們的面容，把反映他們內在美的外在形象銘刻在我心底。此外，我還要凝視小嬰兒的臉，好捕捉個體尙未因人生衝突而發展出自我意識前的那種熱切、天眞無邪的美。

我還要看看我的狗，深深探察牠們忠誠又值得信賴的雙眼。認眞又機靈的「小史考帝」、「達奇」，還有健壯又懂事的大丹狗「海嘉」，牠們熱情、溫柔又充滿樂趣的友誼帶給我很大的安慰。

忙碌的第一天，我還要觀察家裡那些簡單的小東西，看看我腳下顏色溫暖的小地毯、牆上的畫，還有那些讓房子變成家的舒服小玩意兒。我會帶著崇敬的眼神察看從前讀過的點字書籍，翻閱那些讓我更感興趣、給視力正常者讀的印刷書籍。在我漫長又黑暗的一生中，我讀過的書和別人為我拼讀的書已化成一座宏偉巨大、光輝燦爛的燈塔，為我指引深刻玄妙的人生與心靈方向。

看得見的第一天下午，我會到森林裡盡情漫步，讓雙眼陶醉於大自然之美，在短短幾小時內拼命汲取經常展現在明眼人面前的壯麗奇觀。自森林返家途中，我會踏上農莊附近的小路，看看在田野間耕犁的馬兒（說不定我只會看到一輛農用曳引機咧），看看貼近大地生活、恬靜自得的人們，當然也希望能看見耀眼繽紛的日落光景。

暮色降臨後，我會藉著燈火看見周遭的事物，內心洋溢雙倍的喜悅。人類以聰慧才智發明了人造光，即便天色漸暗，視覺的力量仍得以擴展，探入黑夜。

看得見的頭一晚，我一定會在腦中不斷回味當天的種種，怎麼也睡不著。

Ⅲ

第二天，我要在黎明時分起床，欣賞黑夜變為白晝的動人奇蹟。我會懷著敬畏，仰望壯觀的清晨曙光，看著朝陽喚醒沉睡的大地。

這一天，我想快速看一眼過去和現在的世界，一睹人類進步的奇觀，體驗那綿延流轉、變化無窮的萬古千年。可是這麼長的歷史，怎麼能壓縮成一天呢？當然是透過博物館囉。我經常造訪紐約自然史博物館，用手觸摸許多展品，卻也很渴望親眼一窺地球簡史和居住其上的生命——依循原生環境描繪出來的動物和人種；早在人類出現、以矮小身材和靈活大腦征服動物王國前，就在地球上四處漫遊的巨大長毛象與恐龍骨架；逼眞又寫實的動物、人類與工具演化經過，人類運用這些工具，在這個星球上爲自己創造出安全穩固的家；還有其他各式各樣的自然史知識。

我不曉得有多少讀者去過那座引人入勝的博物館，看過館內形形色色的生命展示樣態。當然，很多人沒有這個機會，但我相信，許多有機會的人並沒有好好把握、利用這個良機。那裡的確是值得好好一看的地方。視力正常的你可以在那裡度過不少充實愉快的時光，可是我，在想像出來的三天光明中，只能匆匆一瞥而過。

下一站，我會去大都會藝術博物館。正如自然史博物館揭露出物質世界那樣，大都會藝術博物館展現出無數細小微妙的人類心靈面向。綜觀整段人類史，我們對藝術表現的渴盼幾乎就跟對食物、居所和繁衍的欲望一樣強烈。埃及、希臘與羅馬精神透過各種藝術形式，在大都會藝術博物館寬敞的展示空間中流淌，展現在我面前。我透過指尖認識古尼羅河國度衆神，觸摸帕德嫩神殿雕刻複製品，感覺雅典戰士衝鋒陷陣的韻律之美。太陽神阿波羅、愛神維納斯，還有薩莫瑟雷斯的勝利女神像都讓我愛不釋手。荷馬那張鬍鬚濃密、滄桑的面容對我而言極其珍貴，因爲他也明白失明的感受。

我的手在羅馬時代以降的逼眞大理石雕刻間游移，戀戀不捨；我撫遍米開朗基羅動人又英勇的摩西雕像，感覺到羅丹的力量，讚嘆哥德式木雕的精工細造。這些能觸摸的藝術品對我來說別具意義；然而，這些巧匠之作原是供人以雙眼觀賞，我卻只能靠觸覺來猜測、拼湊出自己看不見的美麗。我可以欣賞希臘花瓶的簡約線條，卻看不到瓶身上細膩的裝飾。

因此，重獲光明的第二天，我會透過藝術品來探尋藝術家的靈魂，親眼看見那些過去藉由觸覺認識的東西。更棒的是，壯麗的繪畫世界會在我眼前開展，無論是富含寧靜宗教色彩的義大利早期藝術，還是帶有狂想色彩的現代藝術，全都一覽無遺。我會仔細觀察拉斐爾、達文西、提香和林布蘭的油畫，飽覽威羅內塞的溫暖色調，研究葛雷柯的神祕主義風格，從柯洛的風景畫中重新觀察大自然。哎，歷代藝術蘊藏著豐富的美和含義，等著你們這些視力正常者去看呢！

至於我，只能短暫遊歷藝術殿堂，留下一個膚淺的印象，無法細細端詳那個偉大的藝術世界，檢視其中微小的細節。幾位藝術家告訴我，一個人必須訓練眼力，才能進行眞正且深刻的藝術鑑賞，也需要透過經驗來學習衡量線條、構圖、形式和色彩的價值。要是我看得見，肯定會一頭栽進迷人的美學範疇，那種感覺一定很棒！不過我聽說，對許多明眼人而言，藝術仍是個晦蒙陌生、有待進一步探索的世界。

我想我會心不甘情不願地離開大都會藝術博物館，一個收藏藝術之鑰，能讓人接觸美的地方，而許多人都忽視了這種美。事實上，看得見的人不需要特地到大都會藝術博物館尋找這把鑰匙，其他規模較小的博物館甚或小圖書館的書架上同樣躺著這把鑰匙，靜靜等待。只是我在想像出來的有限光明中應該有所取捨，選一把能在最短的時間內打開最大藏寶箱的鑰匙。

看得見的第二個晚上，我要在劇院或電影院裡度過。雖然我現在常到劇院欣賞各式各樣的演出，但必須有人在我手中拼寫劇情才行。我眞的好想親眼目睹哈姆雷特的醉人風采，還有穿著伊莉莎白時代鮮豔服飾、生氣勃勃的法斯塔夫！我眞好想捕捉哈姆雷特每一個優美的動作，看著法斯塔夫精神抖擻、大搖大擺的模樣！我想我一定會很爲難，因爲我想欣賞的作品有好幾十部，卻只能選一部看；相反的，視力正常的你們愛看哪齣就看哪齣。我忍不住想，你們在觀看戲劇、電影或任何一種景象時，究竟有多少人意識自己是因爲視覺這份禮物才得以看見色彩、動作和優雅，並對此心存感激？

我受限於感官缺陷，只能仰賴觸覺，無法欣賞節奏迭宕的動作之美。雖然我能透過地板震動感受到音樂的節拍，因而了解一點律動感，但我還是只能模糊地想像，在腦中勾勒出帕芙洛娃的優雅。那些充滿韻律的動作想必是世界上最賞心悅目的景象之一，我光是用手指撫摸大理石雕像的線條，就能推斷出幾分。如果連靜態美都那麼迷人，眼目所見的動態美一定更扣人心弦。

有一次，約瑟夫・傑佛遜聊到他最愛的短篇小說《李伯大夢》（Rip Van

Winkle），還讓我在他比手畫腳、高談闊論時摸他的臉和手，這是我最珍貴的回憶之一。我多少能透過觸覺瞥見一小部分的戲劇世界，而且永遠不會忘記那一刻的喜悅。但是，我真的好想、好想用雙眼觀看，用雙耳傾聽對白和動作在戲劇表演間的交互作用！你們這些看得見的人能從中得到多少快樂啊！如果我能用眼睛看戲，只要一場，我就會知道如何在心中描繪出過去藉由手語字母讀到、了解到的上百部戲劇情節。

所以，想像中重見光明的第二晚，我還是沒睡，整晚都在欣賞戲劇文學。

IV

隔天早上，我一樣會在清晨時分醒來，急於發掘新的樂趣和喜悅。我相信，對那些看得見的人來說，每個黎明都是一幅新的美景。

根據我幻想出來的奇蹟期限，這是我擁有視覺的第三天，也是最後一天。我沒有時間能浪費在遺憾與渴望上，因為還有很多事物等著我去探索。我把第一天獻給有生命和無生命的朋友，利用第二天探察自然與人類歷史，至於今天，我要看看眼前的日常世界，造訪那些為生活奔忙的人常去的地方。想觀察各式各樣的人類活動和環境，沒有比紐約更好的選擇。所以，城市就是我的目的地。

我家位於長島森丘一個安靜的小郊區，四周環繞著青翠的草地、樹木和鮮花，還有許多整潔的小房子，不時可看見婦女和孩子，聽見他們的聲音，空氣中洋溢著幸福快樂的氛圍，是城裡勞工享受片刻寧靜的避風港。我驅車駛過橫跨在東河上的鋼骨橋梁，對人類的心智力量和巧思有所改觀，忍不住驚嘆。忙碌的船隻發出軋軋的引擎聲，在河面上快速穿梭，有飛駛的小艇，也有噴著鼻息、慢悠悠的拖船。若今後還有看得見的日子，我要花點時間好好品味眼前令人愉快的大河脈動。

我望向前方，高樓大廈林立的紐約市就在那裡，一座彷彿自童話故事中搬移至世間的城市。閃閃發光的尖塔，石砌鋼築的寬闊堤岸，看起來就像衆神為自己修築的聖殿，令人萬般敬畏。這幅生動的畫面是數百萬人日常生活的一部分，不曉得有多少人會佇足回眸，多看這座城市一眼？恐怕寥寥無幾吧。他們對眼前壯觀的景色視而不見，因爲一切再熟悉不過了。

我踏入高聳的水泥叢林，匆匆來到帝國大廈頂樓。不久前，我才在那裡透過祕書的眼睛「俯瞰」這座城市。我急著想比較一下現實與想像；我相信，展現在我眼前的全景一定不會讓我失望，因爲對我來說，那就像另外一個世界一樣。

接下來，我開始在城市間漫步閒晃。首先，我會站在繁華的街角，看看來往的人群，試著透過觀察來了解他們的生活。我看見有人綻放笑顏，讓我歡欣快樂；我看見有人認眞堅定，讓我倍感驕傲；我看見有人痛苦煎熬，讓我滿懷同情。

我沿著第五大道散步，漫無目的地東看西看，將萬花筒般五光十色的街景盡收眼底。那些穿著鮮豔服裝在人潮中來去的女性形成一幅華麗的美景，讓我百看不厭。如果我看得見，也許我會像大多數女性一樣，對服裝風格和剪裁興味濃厚，從而忽略燦爛的色彩。我敢說，我一定會變成一個整天逛街但只看不買的顧客，因爲這些精美的展示商品堪稱視覺饗宴，令人大飽眼福。

我會從第五大道開始，遊覽整座城市。除了去公園大道、貧民窟、工廠和孩子玩耍的遊樂場外，我還會造訪外國社區，進行一次「國內海外旅行」，時時刻刻睜大眼睛捕捉幸福與苦難，以便深入調查，進一步了解人們的工作與生活樣態。我的心裡充滿許多人事物，雙眼密切關注一切，絕不輕易放過一點細節。有些景象令人愉快，內心洋溢著喜悅；有些則極其淒慘，令人傷感。對於後者，我絕對不會閉上雙眼，因爲這些也是生活的一部分。若是闔上眼睛，就等於關閉了心靈與思維之門。

看得見的第三天即將結束，也許有很多重要的正經事需要利用剩下的時間去完成。不過，我想最後一夜我還是會跑到劇院，看一齣熱鬧又有趣的戲，領略喜劇於人類心靈中譜出的弦外之音。

午夜時分，擺脫失明苦境的短暫時刻就要畫下句點，永恆的夜逐漸迫近。三天實在太短，我自然沒辦法看到我想看的一切。等到黑暗再次來襲，我才發覺自己錯過好多好多，然而我心裡滿載著甜蜜的回憶，讓我沒什麼時間懊悔。此後我每摸到一樣東西，腦中都會浮現鮮明的記憶，描繪出那件物品的模樣。

關於若有三天光明想做什麼，我的想像可能不同於你知道自己即將失明而安排的計畫。但是我相信，假如你眞的面臨那種厄運，一定會盡量觀看那些未曾見過的人事物，將他們儲存在記憶裡，以度過未來漫長的夜。你會以前所未有的方式好好運用自己的雙眼；你看到的一切對你來說都是那麼珍貴；你的目光會汲取視線範圍內的點點滴滴；最後你會眞正看見，一個美麗新世界在你面前開展。

失明的我可以給看得見的人一些提點，給那些能充分運用視覺禮物的人一個忠告：善用你的雙眼，彷彿今日過後再無光明。其他感官也是一樣。感受樂曲的妙音，聆聽鳥兒的歌唱，欣賞雄渾又鏗鏘有力的管弦樂曲，彷彿明天就會面臨失聰的命運。觸摸所有想摸的東西，彷彿明天觸覺就會衰退。嗅聞鮮花的芬芳，品嚐每一口佳餚，彷彿明天就會失去嗅覺和味覺。每種感官都是大自然賜予人類的能力，請充分運用，爲世界透過這些途徑呈現給你的每一分愉悅和美麗而自豪。不過我很確定，所有感官中，就屬視覺帶來的快樂最深、最豐碩。

＊＊＊

人生就像一片剛下過雪的原野，每走一步，都會留下足跡。

永不放棄的海倫凱勒

我的後半生

HELEN KELLER

克服了失明與失聰障礙的海倫．凱勒，成了十九世紀的傳奇。她完成了哈佛大學的學業、開始寫作，更開始到世界各國旅行、演講。從遠處看像是童話故事，但近看卻有許多不為人知的辛酸過程。《永不放棄的海倫凱勒：我的後半生》，在海倫．凱勒步入中年之時開始創作，終於在一九二九年出版。她以誠實坦率的筆調描述她面對日常生活的困境、她的好朋友馬克．吐溫及貝爾博士帶給她的影響、到世界各國巡迴演講、為了拍電影到好萊塢的生活、她的愛情、她的母親等等。

閱讀海倫．凱勒的人生故事和她的文字，在在讓我們體會到她所說的：「雖然這個世界充滿了苦難，但是也充滿了很多解決和克服的方法。」「世界上最好和最美的東西是看不到也摸不到的……要靠心靈去感受。」

愛視界 018

假如給我三天光明：海倫凱勒的人生故事【全新完整譯本】
Three Days to See

作　　者　海倫凱勒
譯　　者　郭庭瑄
出 版 者　愛米粒出版有限公司
地　　址　台北市10445中山北路二段26巷2號2樓
編輯部專線　（02）25622159
傳　　真　（02）25818761

如果您對本書或本出版公司有任何意見，歡迎來電

發 行 人　陳銘民
總 編 輯　陳品蓉
行銷企劃　許嘉諾
行政編輯　曾于珊
校　　對　金文蕙、徐惠蓉
印　　刷　上好印刷股份有限公司
電　　話　（04）23150280
初　　版　二〇二一年（民110）九月十日
三　　刷　二〇二四年（民113）九月十二日
定　　價　250元
讀者專線　TEL：(02)23672044 / (04)23595819#212
FAX：(02)23635741 / (04)23595493
E-mail：service@morningstar.com.tw
網路書店　http：//www.morningstar.com.tw
郵政劃撥　15060393（知己圖書股份有限公司）
法律顧問　陳思成
國際書碼　ISBN：978-986-06712-7-8　CIP：785.2/110012475

愛米粒出版有限公司
Emily Publishing Company, Ltd.

因為閱讀，我們放膽作夢，恣意飛翔——

在看書成了非必要奢侈品，文學小說式微的年代，愛米粒堅持出版好看的故事，讓世界多一點想像力，多一點希望。